财政支持稳住经济大盘
政策措施问答

财政部办公厅　组编

中国财经出版传媒集团

经济科学出版社
Economic Science Press

图书在版编目（CIP）数据

财政支持稳住经济大盘政策措施问答／财政部办公厅组编．--北京：经济科学出版社，2022.9
ISBN 978 - 7 - 5218 - 4004 - 9

Ⅰ.①财…　Ⅱ.①财…　Ⅲ.①财政政策 - 政策支持 - 作用 - 经济发展 - 中国 - 问题解答　Ⅳ.①F124 - 44

中国版本图书馆 CIP 数据核字（2022）第 165363 号

责任编辑：殷亚红　宋艳波
责任校对：郑淑艳
责任印制：王世伟

财政支持稳住经济大盘政策措施问答
财政部办公厅　组编
经济科学出版社出版、发行　新华书店经销
社址：北京市海淀区阜成路甲 28 号　邮编：100142
总编部电话：010 - 88191217　发行部电话：010 - 88191522
网址：www. esp. com. cn
电子邮箱：esp@ esp. com. cn
天猫网店：经济科学出版社旗舰店
网址：http://jjkxcbs. tmall. com
固安华明印业有限公司印装
710×1000　16 开　22.25 印张　280000 字
2022 年 9 月第 1 版　2022 年 9 月第 1 次印刷
ISBN 978 - 7 - 5218 - 4004 - 9　定价：69.00 元
（图书出现印装问题，本社负责调换。电话：010 - 88191510）
（版权所有　侵权必究　打击盗版　举报热线：010 - 88191661
QQ：2242791300　营销中心电话：010 - 88191537
电子邮箱：dbts@ esp. com. cn）

前　　言

　　财政是国家治理的基础和重要支柱。充分发挥财政政策作用，全力支持稳住经济大盘，推动经济运行在合理区间，是贯彻党中央"疫情要防住、经济要稳住、发展要安全"要求、落实国务院稳住经济一揽子政策措施的重要举措，是财政部门当前及今后一个时期的重要工作。为进一步拓展稳经济财政政策宣传解读的广度和深度，便于社会各界了解财政支持稳住经济的具体落实措施，推动相关政策更好惠企利民、落地见效，财政部从政策受益者和政策落实者角度，分类梳理了 2022 年以来出台的相关政策措施，形成了《财政支持稳住经济大盘政策措施问答》，供查阅。

目 录

第一部分 政策措施问答

第二部分　相关政策文件

第一部分　政策措施问答

一、财政政策

（一）进一步加大增值税留抵退税政策力度

1. 什么是留抵退税？

答：留抵退税就是把增值税期末未抵扣完的税额退还给纳税人。增值税实行链条抵扣机制，以纳税人当期销项税额抵扣进项税额后的余额为应纳税额。其中，销项税额是指按照销售额和适用税率计算的增值税额；进项税额是指购进原材料等所负担的增值税额。当进项税额大于销项税额时，未抵扣完的进项税额会形成留抵税额。

留抵税额主要是纳税人进项税额和销项税额在时间上不一致造成的，如集中采购原材料和存货，尚未全部实现销售；投资期间没有收入等。例如，按照13%的税率，企业购入3000元的原材料，进项税额为390元，当期销售收入1000元，销项税额为130元，进项税额比销项税额多了260元，形成了260元留抵税额。此外，在多档税率并存的情况下，销售适用税率低于进项适用税率，也会形成留抵税额。

国际上对于留抵税额一般有两种处理方式：一是允许纳税人结转下期继续抵扣；二是把增值税期末未抵扣完的税额退还给纳税人，这就是留抵退税。同时，允许退还的国家或地区，也会相应设置较为严格的退税条件，如留抵税额必须达到一定数额；每年或一段时期内只能申请一次退税；只允许特定行业申请退税；等等。

2. 2022年大规模留抵退税政策较此前政策有何变化？

答：2018年以前，我国对期末留抵税额主要采取结转下期抵扣的处理方式。2018－2021年四年间，我国持续完善增值税期末留抵退税制度。2018年，将一次性退还集成电路、飞机制造等个别行业留抵税额，扩展到部分先进制造业、现代服务业企业和电网企业；2019年，允许所有行业符合条件的纳税人申请退还60%的增量留抵税额，正式建立期末留抵退税制度，并允许部分先进制造业按月申请退还全部增量留抵税额；2021年，允许所有先进制造业按月申请退还全部增量留抵税额，进一步完善期末留抵退税制度。

2022年加大留抵退税实施力度的政策安排，将先进制造业按月全额退还增量留抵税额政策范围扩大至符合条件的小微企业、制造业和批发零售业等行业企业，并一次性退还小微企业、制造业等行业企业存量留抵税额，存量、增量留抵税额，均按100%全额退还。将纳税人尚未抵扣的进项税额，全额提前返还企业，增加企业现金流，缓解资金回笼压力，以"真金白银"助企纾困发展。

3. 什么是增量留抵退税、存量留抵退税？

答：2022年，我国进一步加大增值税期末留抵退税实施力度，从增量和存量两方面入手，政策力度空前。增量留抵退税方面，将先进制造业按月全额退还增值税增量留抵税额政策范围扩大至符合条件的小微企业和制造业等行业。存量留抵退税方面，一次性退还符合条件的小微企业和制造业等行业存量留抵税额。

一是增量留抵税额，区分以下情形确定：纳税人获得一次性存量留抵退税前，增量留抵税额为当期期末留抵税额与2019年3月31日相比新增加的留抵税额。纳税人获得一次性存量留抵退税后，增量留抵税额为当期期末留抵税额。

二是存量留抵税额，区分以下情形确定：纳税人获得一次性存量留抵退税前，当期期末留抵税额大于或等于2019年3月31日期末留抵税额的，存量留抵税额为2019年3月31日期末留抵税额；当期期末留抵税额小于2019年3月31日期末留抵税额的，存量留抵税额为当期期末留抵税额。纳税人获得一次性存量留抵退税后，存量留抵税额为零。

4. 小微企业和制造业等行业纳税人什么时间可以退还存量留抵退税？

答：符合条件的微型企业，可以自2022年4月纳税申报期起向主管税务机关申请一次性退还存量留抵税额；符合条件的小型企业，可以自2022年5月纳税申报期起向主管税务机关申请一次性退还存量留抵税额；符合条件的制造业等行业中型企业，可以自2022年5月纳税申报期起向主管税务机关申请一次性退还存量留抵税额；符合条件的制造业等行业大型企业，可以自 2022 年 6 月纳税申报期起向主管税务机关申请一次性退还存量留抵税额。各级财政和税务部门分别于 2022 年 4 月 30 日以及 6 月 30 日前，在纳税人自愿申请的基础上，集中退还微型以及小型、中型、大型企业存量留抵税额。

5. 纳税人什么时间可以申请办理留抵退税？

答：纳税人应在纳税申报期内，完成当期增值税纳税申报后申请留抵退税。2022 年实施大规模留抵退税，优先安排小微企业，要在 6 月底前将小微企业存量留抵税额全部退还。考虑到小微企业户数多、涉及面广，为保证退税"及时雨"尽早纾困小微企业"春耕夏耘"，便于小微企业申请退税，2022 年 4 月至 6 月的留抵退税申请时间，延长至每月最后一个工作日。纳税人可以在规定期限内同时申请增量留抵退税和存量留抵退税。

6. 2022 年留抵退税政策重点支持小微企业，小微企业的标准如何界定？

答：小型企业和微型企业，按照《中小企业划型标准规定》（工信部联企业〔2011〕300 号）和《金融业企业划型标准规定》（银发〔2015〕309 号）中的营业收入指标、资产总额指标确定。其中，资产总额指标按照纳税人上一会计年度年末值确定。营业收入指标按照纳税人上一会计年度增值税销售额确定；不满一个会计年度的，按照实际存续期间增值税销售额换算成年度销售额计算。其中，增值税销售额，包括纳税申报销售额、稽查查补销售额、纳税评估调整销售额。适用增值税差额征税政策的，以差额后的销售额确定。对于工信部联企业〔2011〕300 号和银发〔2015〕309 号文件所列行业以外的纳税人，以及工信部联企业〔2011〕300 号文件所列行业但未采用营业收入指标或资产总额指标划型确定的纳税人，微型企业标准为增值税销售额（年）100 万元以下（不含 100 万元）；小型企业标准为增值税销售额（年）2000 万元以下（不含 2000 万元）。

7. 判定制造业等行业的标准是什么？

答：制造业等行业企业，是指从事《国民经济行业分类》中"制造业""科学研究和技术服务业""电力、热力、燃气及水生产和供应业""软件和信息技术服务业""生态保护和环境治理业""交通运输、仓储和邮政业"业务相应发生的增值税销售额占全部增值税销售额的比重超过 50% 的纳税人。上述销售额比重根据纳税人申请退税前连续 12 个月的销售额计算确定；申请退税前经营期不满 12 个月但满 3 个月的，按照实际经营期的销售额计算确定。

8. 纳税人享受过即征即退等退税政策，还能申请退还留抵税额吗？

答：纳税人自 2019 年 4 月 1 日起已取得留抵退税款的，不得再申请享受增值税即征即退、先征后返（退）政策。纳税人可以在 2022 年 10 月 31 日前一次性将已取得的留抵退税款全部缴回后，按规定申请享受增值税即征即退、先征后返（退）政策。纳税人自 2019 年 4 月 1 日起已享受增值税即征即退、先征后返（退）政策的，可以在 2022 年 10 月 31 日前一次性将已退还的增值税即征即退、先征后返（退）税款全部缴回后，按规定申请退还留抵税额。

9. 2022 年以来，财政部、税务总局印发多个公告，加大增值税期末留抵退税政策实施力度，这些政策适用《增值税会计处理规定》情况是怎样的？

答：近期，财政部、税务总局先后印发《关于进一步加大增值税期末留抵退税政策实施力度的公告》（财政部 税务总局公告 2022 年第 14 号）、《关于进一步加快增值税期末留抵退税政策实施进度的公告》（财政部 税务总局公告 2022 年第 17 号）、《关于进一步持续加快增值税期末留抵退税政策实施进度的公告》（财政部 税务总局公告 2022 年第 19 号）、《关于扩大全额退还增值税留抵税额政策行业范围的公告》（财政部 税务总局公告 2022 年第 21 号）等政策，增值税期末留抵退税政策实施力度进一步加大、实施进度进一步持续加快，上述政策适用《增值税会计处理规定》（财会〔2016〕22 号）方面，增值税一般纳税人应当根据《增值税会计处理规定》的相关规定对上述增值税期末留抵退税业务进行会计处理，经税务机关核准的允许退还的增值税期末留抵税额及缴回的已退还的留抵退税款项，应当通过"应交税费——增值税留抵税额"明细科目进行核算。纳税人在税务机关准予留抵退税时，按税务机关核准允许退还的留抵税额，借记"应交税费——增值税留抵税额"科目，贷记"应交税费——应交增值税（进项税额转出）"科目；在实际收到留抵退税款项时，按收到留抵退税款项的金额，借记"银行存款"科目，贷记"应交税费——增值税留抵税额"科目。纳税人将已退还的留抵退税款项缴回并继续按规定抵扣进项税额时，按缴回留抵退税款项的金额，借记"应交税费——应交增值税（进项税额）"科目，贷记"应交税费——增值税留抵税额"科目，同时借记"应交税费——增值税留抵税额"科目，贷记"银行存款"科目。

10. 通过实施增值税留抵退税政策，企业获得了宝贵的"真金白银"，这对实体经济高质量发展有何重要意义？

答：通过留抵退税，能够有效缓解企业资金压力。特别是制造业、新办企业、科创企业等一些行业企业，受前期投入大、成立初期收入少等因素影响，存在较多的期末留抵税额，将这些留抵税额及时退还给企业，可以明显减轻企业前期资金压力。相对于减税和增加政府投资，留抵退税政策效果更直接、更及时，有助于提升企业发展信心，激发市场主体活力，促进消费投资，支持实体经济高质量发展，推动产业转型升级和结构优化。同时，增值税实行"环环征收，道道抵扣""应征尽征、应退尽退"链条机制，由最终消费者承担税负，企业并不承担增值税负担，这是增值税中性特征的典型表现。及时退还企业留抵税额，减少企业资金占压，有利于完善增值税制度，凸显增值税的税收中性特点，更符合现代增值税税制要求。

11. 为稳定宏观经济，实施的增值税留抵退税政策重点支持范围有哪些？

答：实施大规模增值税留抵退税是 2022 年稳定宏观经济的关键性举措。2022 年已经出台实施的留抵退税政策，重点加大了对小微企业，以及制造业、科学研究和技术服务业、电力热力燃气及水生产和供应业、软件和信息技术服务业、生态保护和环境治理业、交通运输仓储和邮政业、批发和零售业、农林牧渔业、住宿和餐饮业、居民服务修理和其他服务业、教育、卫生和社会工作、文化体育和娱乐业等 13 个行业企业的政策支持力度，对小微企业和制造业等行业按月全额退还增量留抵税额，并分阶段一次性退还存量留抵税额。

12. 为激发市场主体活力，加速实施增值税留抵退税有哪些最新进展？

答：2022 年 4 月大规模留抵退税政策实施以来，财政部会同各部门不断加快退税进度，强化退税资金保障，确保企业特别是小微企业及时享受退税政策红利，政策执行效果显著。一是为尽快释放政策红利，稳定宏观经济大盘，大幅提前中型和大型企业存量留抵退税实施时间，将中型企业存量留抵退税实施时间由 2022 年第三季度提前至 5 月 1 日实施、

6 月 30 日前集中退还，将大型企业存量留抵退税实施时间由 2022 年第四季度提前至 6 月 1 日实施、6 月 30 日前集中退还，确保政策效应在上半年集中释放。二是为应对经济下行压力，着力稳市场主体稳就业，按照国务院常务会议关于进一步加大留抵退税政策力度的决策安排，在更多行业实施存量和增量全额留抵退税，再增加退税 1400 多亿元，全年退减税总量 2.64 万亿元。

13. 为支持地方落实增值税留抵退税和其他新增减税降费政策，中央财政采取了哪些措施？

答：一是安排专项资金。为支持地方落实好留抵退税和其他新增减税降费政策，中央财政安排支持基层落实减税降费和重点民生等转移支付预算 1.2 万亿元，包括新出台留抵退税政策专项资金 6200 亿元、其他退税减税降费专项资金 3000 亿元、补充县区财力专项资金 2800 亿元。其中，列入 2022 年预算 8000 亿元，列入 2023 年预算 4000 亿元。

二是建立政策落实的协调工作机制。财政部、税务总局、人民银行定期会商，根据增值税留抵退税和其他新增减税降费政策等的实际执行情况，及时发现并妥善处置出现的问题，完善管理制度，防范企业"骗退税"、地方政府"骗补贴"等，指导地方比照中央的做法，建立工作协调机制。

三是压实省级主管部门的主体责任。要求省级财政部门会同当地税务、人民银行等部门抓紧制订留抵退税方案，并研究制订保障基层财力方案等，有关方案必须具体细化到县区。

14. 中央财政安排的1.2万亿元支持基层落实减税降费和重点民生等转移支付预算，资金下达情况如何？

答：2022年3月21日，财政部按照国务院常务会议审定的方案下达支持小微企业留抵退税有关专项资金4000亿元，包括新出台留抵退税政策专项资金约3000亿元、其他退税减税降费专项资金约1000亿元，以保障地方上半年小微企业退税需求。

4月14日，考虑到实际退税进度快于预期，地方收支压力较大，财政部下达第二批支持基层落实减税降费和重点民生等转移支付预算4000亿元，包括其他退税减税降费专项资金约1200亿元和补充县区财力专项资金约2800亿元，支持地方提高退税效率，推动政策早落地、企业早受益。

5月25日，考虑到中型企业存量留抵税额由第三季度退还提前至5-6月退还，大型企业存量留抵税额由第四季度退还提前至6月退还，地方退税压力集中释放，需要中央下达资金予以支持。财政部按预算安排，提前下达支持基层落实减税降费和重点民生等转移支付列入2023年预算4000亿元，包括新出台留抵退税政策专项资金约3200亿元、其他退税减税降费专项资金约800亿元（其中用于原政策留抵退税的资金约600亿元）。

截至2022年5月25日，列入2022年预算8000亿元已全部下达，列入2023年预算4000亿元已全部提前下达。

15. 为保障增值税留抵退税政策力度落实到位，在资金管理上有何要求？

答：按照不同资金用途和管理需要，财政部对新出台留抵退税政策专项资金、其他退税减税降费专项资金、补充县区财力专项资金分别研究制定了管理办法，主要内容包括：一是对留抵退税资金实行单独拨付。省级财政部门按退付计划及时向市县调拨库款，保障退税资金需求，确保地方退税操作。二是压实省级政府责任，要求省级财政部门应会同当地税务、人民银行等部门科学制订留抵退税方案，并研究制订保障基层财力方案等，有关方案必须具体细化到县区。三是资金纳入财政直达资金监控范围，实时反映资金拨付及使用情况。

同时，按照《国务院办公厅关于进一步健全工作机制　落实好新的组合式税费支持政策的通知》（国办发电〔2022〕4号）有关要求，财政部、税务总局、人民银行建立落实留抵退税政策三部门会商机制，联合印发通知，指导各地按国务院办公厅发电要求，建立健全会商工作机制，加强部门间协调配合，实现信息共享，形成工作合力，切实做好留抵退税工作。

（二）加快财政支出进度

16. 在加快财政支出进度方面，采取了哪些举措？

答：为督促指导地方加快财政支出进度，财政部印发通知，指导地方加强预算执行管理，扎实推动稳经济政策措施尽快落地见效。

一是指导地方加强预算项目执行管理。要求地方建立健全项目库管理机制，实施项目周期滚动管理。对已列入预算的项目要督促各部门、各单位抓紧按照工作和事业发展计划尽快组织实施，加快资金支付；对尚未启动的项目，要督促各部门、各单位做好项目预算执行的前期准备，加快推进项目实施，力求尽早见效。要求地方用好已下达的地方政府专项债券资金，尽快形成实物工作量，积极扩大有效投资。

二是督促用好上级转移支付资金。督促地方各级财政部门应当在法定期限内抓紧分解下达到本级有关部门或下级财政，确保各项资金特别是保市场主体、保就业、保民生等重点领域资金，按时拨付到位。

三是加大存量资金盘活力度。着力优化财政资源配置，对连续两年未用完的结转资金按规定收回统筹使用，对不足两年的结转资金中不需按原用途使用的资金收回统筹用于经济社会发展急需支持的领域。督促地方对部门结余资金和结转资金进行全面清理，无须使用的结余结转资金按规定予以收回，统筹用于支持经济社会发展。

（三）加快地方政府专项债券发行使用并扩大支持范围

17. 为应对经济下行压力和疫情冲击影响，2022年安排了新增专项债券额度 3.65 万亿元，在分配专项债券额度时主要遵循哪些原则？

答：第一，充分考虑各地区财力和债务风险水平，向财政实力强、债务风险低的省份倾斜，合理确定高风险地区新增限额规模。同时，要求地方要向债务风险较低的市县倾斜，在严格落实风险防范措施的前提下，综合考虑高风险地区债务风险等情况合理安排额度，督促高风险地区稳妥降低风险水平。第二，坚持"资金跟着项目走"，对成熟和重点项目多的地区予以倾斜，重点支持有一定收益的基础设施和公共服务等重大项目以及国家重大战略项目。要求地方适当提高专项债券资金使用的集中度，额度向中央和省级重点项目多的省市级倾斜，坚决不"撒胡椒面"。第三，充分体现"奖罚分明"，对违反财经纪律和资金使用进度慢的地区扣减额度，对管理好、使用快的地区予以适当奖励。第四，严格落实专项债券负面清单管理，明确专项债券资金不得支持楼堂馆所、形象工程和政绩工程、非公益性资本项目支出。

18. 地方政府专项债券是落实积极财政政策的重要抓手，在落实合理扩大专项债券使用范围方面，采取了哪些措施？

答：按照党中央、国务院决策部署，2022 年专项债券投向领域总体保持稳定，同时结合经济运行中出现的新情况进行优化调整。一是继续用于九大领域。2022 年专项债券继续重点用于交通基础设施、能源、农林水利、生态环保、社会事业、城乡冷链等物流基础设施、市政和产业园区基础设施、国家重大战略项目、保障性安居工程等九大领域。二是按照国务院出台的扎实稳住经济的一揽子政策措施要求，印发文件将新能源、新基建领域符合条件的政府投资项目纳入地方政府专项债券支持范围。三是继续允许用作符合条件的重大项目资本金。各地区可继续将专项债券用作国务院确定的铁路、收费公路、干线机场、内河航电枢纽和港口、城市停车场、天然气管网和储气设施、城乡电网、水利、城镇污水垃圾处理、供水10个领域重大项目资本金。

19. 在加快地方政府专项债券发行使用方面，采取了哪些政策措施？

答：为应对经济下行压力和疫情冲击影响，2022 年安排了新增专项债券额度 3.65 万亿元，持续保持较高规模，有力发挥了专项债券在稳投资、稳增长中的积极作用。为加快专项债券发行使用进度，一是提早下达额度。财政部靠前安排 2022 年专项债券额度下达工作，2021 年 12 月提前下达地方 2022 年新增专项债券额度 1.46 万亿元，提前下达时间较上年提早了 3 个月左右。2022 年 3 月全国"两会"后又下达剩余部分新增专项债券额度。用于项目建设的 3.45 万亿元新增专项债券额度已于 3 月份全部下达完毕。同时，要求地方做好项目储备，按照"资金跟着项目走"的要求，将新增限额对应到符合条件的项目上。1－6 月，各地已累计发行新增专项债券 33927 亿元，此外辽宁运用 2021 年下达额度发行支持化解中小银行风险的专项债券 135 亿元，更好地发挥了专项债券在稳投资、稳增长中的积极作用。二是加快发行使用。按照国务院扎实稳住经济一揽子政策措施要求，及时指导地方调整发行计划，确保 6 月底前基本完成新增专项债券发行。截至 6 月末，各地发行新增专项债券 3.41 万亿元，2022 年用于项目建设的新增专项债券额度基本发行完毕，充分体现积极财政政策靠前发力的要求。三是按月做好专项债券发行使用进度通报预警工作，从 1 月起，每月将各地专项债券的发行、拨付、支出进度通报省级财政部门，并实施预警，明确将分配新增专项债务限额与各地实际支出进度挂钩。同时，还要求省级财政部门对市县也比照建立通报预警制度，层层压实责任。四是继续做好疫情期间地方债发行代操作工作，指导省级财政部门提前做好信息披露、信用评级等发行前准备工作，力争做到早发行、早使用，确保不因疫情原因影响地方债发行进度。

（四）用好政府性融资担保等政策

20. 2022 年以来在用好政府性融资担保政策方面，取得了哪些进展及成效？

答：一是稳步扩大业务规模。稳步推动政府性融资担保机构扩大覆盖面，聚焦支小支农主业，下沉融资担保普惠客户群体，加强风险防控，取得积极进展。2022 年上半年，国家融资担保基金新增再担保合作业务规模 5962 亿元，较上年同期增长 85%，已完成全年新增再担保业务规模 1 万亿元以上目标任务的 60%，较序时进度快 9.62 个百分点。平均担保费率 0.68%、综合融资成本 5.77%，较上年同期分别下降 0.17 个和 0.24 个百分点。自 2018 年 9 月底开业以来，融担基金累计完成再担保合作业务规模超过 2 万亿元，服务各类市场主体近

200 万户。二是及时印发政策文件。印发《财政部关于发挥财政政策引导作用　支持金融助力市场主体纾困发展的通知》（财金〔2022〕60 号），要求地方各级政府性融资担保机构对符合条件的交通运输、餐饮、住宿、旅游等行业的中小微企业和个体工商户提供融资担保支持，及时履行代偿义务，推动金融机构尽快放贷，不抽贷、不压贷、不断贷，并将上述符合条件的融资担保业务纳入国家融资担保基金再担保合作范围。有条件的地方要加大对政府性融资担保机构的资本金补充、担保费补贴等支持力度。三是加强指导督促。与国家融资担保基金沟通 2022 年度经营计划，明确再担保业务经营目标不低于 1 万亿元。

21. 在用好政府性融资担保等政策方面，后续还将采取哪些安排？

答：一是加大对地方财政部门督促指导，推动政府性融担体系纵向联动，形成工作合力。二是加快建立国家融资担保基金再担保业务风险补偿机制，对国家融担基金公司承担的代偿损失给予适当补偿。三是推动出台政府性融资担保发展管理办法，制定政府性融资担保机构风险管理指引，引导政府性融资担保业务扩面、增量、控风险，更好发挥为小微、"三农"融资增信作用。

22. 在用好政府性融资担保等政策方面，对地方财政部门有哪些要求？

答：一是要加大扶持力度。各级财政部门要优化财政资源配置，综合考虑财政承受能力、融担业务发展需要、代偿风险容忍度等实际情况，加大资本金补充、风险补偿、担保费补贴等方面的倾斜支持，充分发挥政府性融资担保逆周期宏观政策工具作用。二是要推进体系建设。省级财政部门要加强辖内政府性融资担保体系建设，可以通过省级向下参股和市县向上参股等方式，整合资本实力，增强股权纽带关系，拓宽融资担保业务覆盖面。要注重发挥省级龙头机构作用，加强与国家融资担保基金业务对接，通过逐级分险、逐级增信和业务联动，提升整个体系综合实力。三是要用好绩效评价指挥棒。各级财政部门要健全完善政府性融资担保机构绩效评价实施办法，因地制宜、因企施策，落实落细绩效评价结果与资金支持、薪酬待遇挂钩机制，更好发挥正向激励作用，支持业务拓展和人才队伍建设。四是要落实尽职免责制度。各级财政部门要会同有关方面建立健全尽职免责制度，对政府性融资担保机构及其工作人员依法、合规、尽职开展的融资担保、再担保业务所发生的风险和损失，按规定免于责任追究，减轻业务人员的后顾之忧。五是要强化风险防控。各级财政部门要指导督促政府性融资担保机构加大风险防控力度，健全风险分担与风险隔离机制，确保商业可持续。在风险分担上，要坚持合理分担，压实各方责任；在风险隔离上，要坚持有限责任，建立熔断机制，防范风险转移。

23. 为进一步解决小微企业融资难融资贵等问题，在落实中央财政小微企业融资担保降费奖补政策方面将采取哪些措施？

答：一是下达 30 亿元小微企业融资担保降费奖补资金。

资金切块下达各省，由省级财政部门与同级中小企业主管部门统筹研究确定资金分配方案，重点对政策引导性较强、服务效果明显的融资担保机构进行支持。二是为确保奖补政策真正惠及小微企业，重点支持受疫情影响严重的相关行业，中央财政要求各地继续引导扩大首贷、单户 1000 万元以下贷款、中长期贷款担保以及创新型小微企业担保业务规模，加大对交通运输、餐饮、住宿、旅游等特殊困难行业小微企业融资担保支持力度。

（五）加大政府采购支持中小企业力度

24. 加大政府采购支持中小企业力度是国务院稳经济一揽子政策举措中的一项重要内容，财政部采取了哪些具体措施予以落实？

答：支持中小企业发展是政府采购政策的重要内容。近年来，财政部不断完善相关的政府采购政策，通过预留份额、价格评审优惠、降低投标成本等措施积极支持中小企业参与政府采购，授予中小企业的政府采购合同占采购总规模的 75% 左右。按照国务院关于扎实稳住经济一揽子政策措施的部署，财政部出台文件，明确进一步加大政府采购支持中小企业力度。主要有以下几项措施：一是为中小企业参与采购活动提供便利。督促各地区、各部门规范资格条件设置，降低中小企业参与门槛，通过项目整体预留、合理预留采购包等形式确保中小企业的合同份额，积极为中小企业参与采购活动提供便利，严格按规定支付采购资金，有效减轻中小企业资金压力。二是调整小微企业的价格评审优惠。货物服务采购项目给予小微企业的价格扣除优惠，由原来的 6% - 10% 提高至 10% - 20%。也就是说，在采购活动中对小微企业的报价先给予 10% - 20% 的扣除，用扣除后的价格参加评审，增加小微企业的中标机会，中标后仍按小微企业实际报价签订合同。同时，大中型企业与小微企业组成联合体或者大中型企业向小微企业分包的，评审优惠也由 2% - 3% 提高至 4% - 6%。三是提高政府采购工程项目预留份额。400 万元以下的工程采购项目原则上全部预留给中小企业。超过 400 万元的工程采购项目中适宜由中小企业提供的，在坚持公开公正、公平竞争原则和统一质量标准的前提下，按照国务院要求，2022 年下半年面向中小企业的预留份额由 30% 阶段性提高至 40% 以上，进一步扩大中小企业获得的工程合同份额，切实为中小企业纾困解难。

（六）扩大实施社保费缓缴政策

25. 为应对新冠肺炎疫情，稳住市场主体，在扩大实施社保费缓缴政策方面采取了哪些举措？

答：在前期出台政策基础上，进一步扩大阶段性缓缴社会保险费政策实施范围。主要包括：一是扩大实施缓缴政策的困难行业范围。将 5 个特困行业缓缴养老、失业、工伤三项保险费政策，扩围至其他 17 个困难行业。其中，养老保险费缓缴实施期限到 2022 年底，工伤、失业保险费缓缴期限不超过 1 年。原来明确的 5 个特困行业缓缴养老保险费期限相应延长至 2022 年底。缓缴期间免收滞纳金。二是受疫情影响严重地区生产经营出现暂时困难的所有中小微企业、以单位方式参保的个体工商户，可申请缓缴三项社保费单位应缴纳部分，缓缴实施期限到 2022 年底，期间免收滞纳金。三是对中小微企业实施阶段性缓缴职工医保单位缴费政策。统筹基金累计结余可支付月数大于 6 个月的统筹地区，自 2022 年 7 月起，对中小微企业、以单位方式参保的个体工商户缓缴 3 个月职工医保单位缴费，缓缴期间免收滞纳金。全面推行"免申即享"经办模式，符合条件的中小微企业无须提出申请即可享受缓缴单位缴费政策。缓缴不影响参保人就医正常报销医疗费用。同时，对地方财政部门贯彻落实提出明确要求，地方各级财政部门要配合同级人力资源社会保障、医疗保障等部门做好社保费缓缴政策贯彻落实工作。

（七）加大稳岗支持力度

26. 为应对新冠肺炎疫情影响，充分发挥失业保险保生活、防失业、促就业功能作用，助力稳就业保民生，采取了哪些政策措施？

答：财政部认真贯彻落实党中央、国务院决策部署，配合人力资源社会保障部出台了一系列政策措施，充分发挥失业保险保生活、防失业、促就业功能作用，助力稳就业保民生。一是延续实施阶段性降低失业保险费率政策至 2023 年 4 月 30 日。二是 2022 年继续实施失业保险稳岗返还政策，并加大支持力度。参保企业上年度未裁员或裁员率不高于上年度全国城镇调查失业率控制目标，30 人（含）以下的参保企业裁员率不高于参保职工总数 20% 的，将大型企业返还比例从不超过企业及其职工上年度实际缴纳失业保险费的 30% 提至 50%，中小微企业返还比例从 60% 最高提至 90%，政策实施至 2022 年底。三是 2022 年出现中高风险疫情地区的市县可对因受新冠肺炎疫情严重影响暂时无法正常生产经营的所有企业，按每名参保职工不超过 500 元的标准发放一次性留工培训补助，政策实施至 2022 年底。四是对企业招用毕业年度高校毕业生，签订劳动合同并参加失业保险的，按每人不超过 1500 元的标准发放一次性扩岗补助，具体补助标准由各省份确定，政策实施至 2022 年底。五是将失业保险技能提升补贴申领条件继续放宽至企业在职职工参保 1 年以上，政策实施至 2022 年底。六是继续实施失业保险保障扩围政策至 2022 年底。其中，对领取失业保险金期满仍未就业的失业人员、不符合领取失业保险金条件的参保失业人员，发放失业补助金；对参保不满 1 年的失业农民工，发放临时生活补助。

27. 创业担保贷款贴息政策对于支持企业复工复产和促进劳动者创业就业具有重要意义，在加大创业担保贷款贴息力度方面，财政部门要采取哪些措施？

答：创业担保贷款贴息，是指对符合条件的创业者个人或吸纳重点群体就业的小微企业申请的贷款，由创业担保贷款担保基金提供担保，由财政部门给予贴息，用于支持重点就业群体创业就业。创业担保贷款是积极财政政策和稳健货币政策的有效融合，对保就业、稳经济具有重要作用。县级以上地方财政部门要会同有关方面加大创业担保贷款贴息政策宣传和实施力度，重点加大对受疫情影响较大的交通运输、餐饮、住宿、旅游等行业小微企业和个体工商户的支持，助力援企稳岗。有条件的地方要加快推广创业担保贷款线上业务模式，简化业务审批流程，提高贷款便利度。县级以上地方财政部门应按规定及时补充创业担保贷款担保基金，或由政府性融资担保机构为符合条件的创业个人和小微企业提供担保增信，支持创业担保贷款扩面增量。

28. 为帮助高校毕业生就业，在国家助学贷款免息及本金延期偿还方面采取了哪些举措？

答：为帮助家庭经济困难毕业生缓解就业压力，支持做好高校毕业生就业服务工作。一是对 2022 年及以前年度毕业的贷款学生 2022 年内应偿还的国家助学贷款利息予以免除，参照国家助学贷款贴息政策，免除的利息由中央财政和地方财政分别承担。二是对 2022 年及以前年度毕业的贷款学生 2022 年内应偿还的国家助学贷款本金，经贷款学生自主申请，可延期 1 年偿还，延期贷款不计罚息和复利，风险分类暂不下调。三是国家助学贷款承办银行应按照调整后的贷款安排报送征信信息，已经报送的应当予以调整。贷款学生受新冠肺炎疫情影响未能及时还款的，经贷款承办银行认定，相关逾期贷款可不作逾期记录报送，已经报送的应当予以调整。

二、货币金融政策

（八）加大金融机构对基础设施建设和重大项目的支持力度

29. 为落实党中央、国务院关于稳住经济大盘的决策部署，在引导金融机构加大对重大项目支持方面采取了哪些举措？

答：财政部积极支持政策性、开发性银行立足自身职能定位，有效发挥逆周期调节作用，截至 2022 年 4 月末，政策性、开发性银行各项贷款余额 24.49 万亿元，同比增长 7.6%，比上年同期高 2.3 个百分点。各项贷款比年初增加 8144 亿元，完成全年计划新增贷款的 47%。其中制造业中长期贷款、战略性新兴产业贷款余额同比增长均超过 20%。下一步，将继续引导政策性、开发性银行立足职能定位，为稳住经济基本盘提供信贷支持，在符合市场化原则和风险可控的前提下，加大对基础设施和重大项目的支持力度，不断优化贷款结构，投放更多更长期限贷款。

三、稳投资促消费等政策

（九）加快推进一批论证成熟的水利工程项目

30. 在水利工程项目建设方面，财政支持的重点是什么？

答：2022 年，中央财政安排水利发展资金 606 亿元、政府性基金 572 亿元，支持加快推进相关水利建设，为 2022 年扩大水利投资创造有利条件。一是聚焦短板弱项。针对近年水灾频发高发的严峻形势，中央财政切实加大力度支持小型病险水库除险加固，支持相关地区提升小型水库安全监测能力。加强新技术与小型水库安全监测的深度融合，赋能水库安全运行。二是聚焦重点领域。按照推进南水北调后续工程高质量发展工作部署，对南水北调后续工程予以积极支持。把提升农村供水安全保障作为乡村振兴的重要内容，加大新建小型水库和农村供水工程维修养护支持力度，促进农村饮水安全向农村供水保障提档升级。三是聚焦重点区域。支持相关地区加强水系连通及水美乡村建设、中小河流治理等重点工作。通过地方政府债券加大对水利项目的支持力度，将水利领域符合条件的项目作为政府债券重点支持方向，同时允许将专项债券用作水利项目资本金，发挥政府债券撬动作用。

31. 在支持引导地方加大水利工程项目投入力度方面，下一步将采取哪些措施？

答：下一步，财政部将从三个方面支持引导地方加大投入力度。一是加强指导。指导地方加大地方政府专项债券对水利等重大项目的支持力度，用好用足专项债券作为重大项目资本金政策，优先支持手续完备、前期工作准备充分的水利项目开工建设。二是强化激励。完善激励约束机制，加强资金绩效管理，将绩效结果、地方工作成效、地方投入情况等与资金分配挂钩，指导支持工作基础较好、工作积极性高的重点地区试点先行，形成奖优罚劣的政策导向。三是严肃财经纪律，督促地方落实投入责任。加强与水利部的协同配合，强化跟踪问效，定期调度落实进展。督促指导地方尽快形成实物工作量，确保2022年水利投资增量、提质、见成效。

（十）加快推动重大基础设施投资

32. 为加大重大基础设施项目建设，出台了哪些举措？

答：2022年安排中央基建投资预算6400亿元，较2021年增加300亿元，重点支持保障性安居工程、粮食安全、能源安全和产业链供应链安全、重大基础设施建设、社会事业、国家重大战略和区域协调发展、生态文明建设、其他重大项目等建设。其中，中央本级支出1450亿元，对地方转移支付 4950 亿元。下一步，财政部将加强与国家发展改革委沟通协作，进一步加快下达中央基建投资预算，提高资金使用效益，切实发挥政府投资引导带动作用。同时，要求各地财政部门抓紧下达中央基建投资资金，配合相关部门加强项目资金审核，确保投资资金集中用于前期工作准备充分、能快速形成实物工作量的重大项目，切实避免项目"未批先建""边建边批"引发的资金闲置、资金链断裂、项目建设超概算等风险。

（十一）因地制宜继续推进城市地下综合管廊建设

33. 财政在推进综合管廊建设方面出台了哪些举措？

答：一是支持开展综合管廊试点。2015－2018 年中央财政投入 234.5 亿元，先后确定两批共 25 个试点城市，各项工作总体进展顺利，基本实现了预期目标。通过示范带动，全国共 279 个城市、104 个县城开展综合管廊建设，累计开工建设 5888 公里，建成廊体 3984 公里，其中达成设计能力及投入运营 1500 多公里。二是"十四五"期间财政部会同住建部、水利部支持开展全域系统化推进海绵城市建设示范工作。示范城市通过公开申报、竞争性选拔确定，中央财政给予示范城市定额补助。2021 年，三部门确定河北唐山、山西长治等 20 个城市开展示范工作，取得良好成效。三是在此基础上，2022 年进一步扩大政策范围，通过竞争性选拔确定河北秦皇岛、山西晋城等 25 个城市开展示范。截至 2022 年 6 月 10 日，财政部已下达 2022 年补助资金 150 亿元，并会同住建部、水利部指导地方开展示范工作，要求各地加强资金管理，提高资金效益，尽快实现示范目标。

（十二）稳定和扩大民间投资

34. 财政支持专精特新"小巨人"企业发展情况是怎样的？

答：一是 2021 年财政部、工业和信息化部启动实施专精特新"小巨人"企业高质量发展财政奖补政策，目前已分三批将 1922 家企业纳入支持范畴，中央财政累计下达奖补资金 46.8 亿元。二是 2022 年财政部联合工业和信息化部遴选出第三批"小巨人"企业 543 家，重点支持战略关键领域产业链和工业"五基"领域的企业，对中西部地区给予倾斜支持。三是中央财政将进一步压实地方主体责任，明确将地方政府支持和培育情况作为入围企业数量和后续资金分配的重要评价依据，调动各方面积极性，引导地方政府在财政支持、信贷融资、用地建设、创新创业、人才智力、数字化绿色化转型、大中小企业融通发展等方面提供精准帮扶，夯实梯度培育基础，将培优中小企业与做强产业相结合。

（十三）稳定增加汽车、家电等大宗消费

35. 财政部印发公告，明确从 2022 年 6 月 1 日起阶段性减征部分乘用车购置税，政策的具体内容是什么？

答：汽车产业是国民经济的重要支柱产业，其产业链长、

就业面广、消费拉动大。稳定汽车消费，对稳经济、稳就业具有重要战略意义。为应对经济下行压力，提振汽车消费，国务院决定阶段性减征部分乘用车购置税 600 亿元。按照国务院决策部署，财政部会同有关部门，结合近年来我国汽车消费市场结构新变化新趋势，综合考虑扩大政策受益面、鼓励大众消费、拉动国内产业发展等因素，研究出台了《财政部　税务总局关于减征部分乘用车车辆购置税的公告》（财政部　税务总局公告 2022 年第 20 号），对购置日期在 2022 年 6 月 1 日至 2022 年 12 月 31 日期间且单车价格（不含增值税）不超过 30 万元的 2.0 升及以下排量乘用车，减半征收车辆购置税。其中，乘用车是指在设计、制造和技术特性上主要用于载运乘客及其随身行李和（或）临时物品，包括驾驶员座位在内最多不超过 9 个座位的汽车。单车价格以车辆购置税应税车辆的计税价格为准。乘用车购置日期按照机动车销售统一发票或海关关税专用缴款书等有效凭证的开具日期确定。

36. 此次阶段性减征部分乘用车购置税政策同以往减征车辆购置税政策相比，有何新特点？

答：与 2009 年、2015 年的减征车辆购置税政策相比，此次政策的实施范围更广，受益面更大。在实施范围方面，前两次政策均针对的是 1.6 升及以下排量乘用车，此次明确为 2.0 升及以下，这样，预计有大约 870 多万辆乘用车可以享受政策优惠。在受益面方面，此次政策优惠对象明确为单车不含税价格不超过 30 万元的乘用车，重点鼓励大众消费。此项政策同新能源汽车免征车辆购置税政策一同实施，一方面直接降低了居民购车成本，有助于释放消费潜力，促进汽车消费；另一方面对推进企业生产端复工复产进程，推动汽车行业整体复苏回暖和长远发展将起到积极的促进作用。

四、保粮食能源安全政策

（十四）健全完善粮食收益保障等政策

37. 为保证粮食安全，采取了哪些财政政策？

答：2022 年 3 月，财政部向实际种粮农民发放一次性补贴 200 亿元。5 月 21 日，中央财政再次下达资金 100 亿元，向实际种粮农民发放一次性农资补贴，进一步释放中央重农抓粮的积极信号，统筹支持夏收和秋播，缓解农资价格上涨带来的种粮增支影响，调动农民种粮积极性。资金按因素法分配并切块下达到省，各地可结合资金额度、粮食播种面积等情况综合确定补贴标准，原则上县域内补贴标准应统一。进一步完善补贴政策，强调补贴对象为实际承担农资价格上涨成本的实际种粮者，包括利用自有承包地种粮的农民，流转土地种粮的大户、家庭农场、农民合作社、农业企业等新型农业经营主体，以及开展粮食耕种收全程社会化服务的个人和组织。同时，要求各地充分运用现代化信息技术手段，利用现有相关补贴发放基础数据，继续采取"一卡（折）通"等方式，及时将补贴资金发放到实际种粮农民手中。

下一步，财政部明确要求各地要高度重视，把补贴发放作为一项重要政治任务，尽快将补贴发放到实际种粮农民手中。对于补贴晚稻、秋玉米种植的相关地区可于 7 月底前将资金发放完毕，其余地区应在 6 月底前将补贴资金发放到农民手中。财政部将会同农业农村部督促各地区尽快完成第一批补贴资金发放工作。同时，继续实行调度机制，定期调度督导第二批资金拨付情况。

38. 为保护农民种粮积极性，落实好 2022 年适当提高稻谷、小麦最低收购价水平的政策要求，采取了哪些措施？

答：2022 年，国家继续实施稻谷和小麦最低收购价政策。小麦最低收购价 1.15 元/斤，较上年提高 0.02 元/斤；早籼稻、中晚籼稻和粳稻最低收购价分别为 1.24 元/斤、1.29 元/斤、1.31 元/斤，较上年分别提高 0.02 元/斤、0.01 元/斤、0.01 元/斤。按照《小麦和稻谷最低收购价执行预案》（国粮发〔2018〕99 号）规定，小麦最低收购价预案执行起始时间为 6 月 1 日，早籼稻预案执行起始时间为 8 月 1 日。为切实抓好 2022 年早籼稻收购工作，财政部支持配合有关部门印发《关于适当提前 2022 年早籼稻最低收购价预案执行起始时间的通知》（国粮粮〔2022〕111 号），将 2022 年早籼稻最低收购价预案执行起始时间从原定的 8 月 1 日起予以适当提前，即新产早籼稻集中上市后，如市场价格符合启动条件，即可按程序申请启动预案。

39. 为不断完善粮食补贴政策，在常态化实施玉米和大豆生产者补贴政策方面，采取了哪些举措？

答：2022 年，在东北三省和内蒙古自治区继续实施玉米和大豆生产者补贴政策，巩固玉米和大豆"市场化收购＋生产者补贴"改革成效，保护农民利益。2022 年 4 月，中央财政已将玉米和大豆生产者补贴资金预算下达有关省（区），将常态化实施玉米和大豆生产者补贴政策，由省级层面制订具体的补贴方案。财政部已督促指导相关省级财政部门会同有关部门抓紧研究具体补贴实施方案，及时明确补贴对象、补贴标准、补贴依据等，做好补贴面积核实、补贴资金兑付等工作，切实保护好农民种粮收益。

40. 为保障钾肥供应和促进价格基本稳定，财政部采取了哪些措施？

答：为适应化肥市场新形势新变化，2022 年，在国家化肥商业储备（包括春耕肥、钾肥、救灾肥储备）基础上，实施夏管肥临时储备，提升化肥供应保障能力。上半年，面对化肥价格上涨，尤其是钾肥价格大幅上涨形势，配合相关主管部门投放 100 万吨钾肥储备，促进钾肥保供稳价；同时，要求春耕肥、夏管肥承储企业做好春耕肥、夏管肥储备投放工作，增加市场供应。此外，积极配合相关主管部门做好钾肥进口工作。

（十五）在确保安全清洁高效利用的前提下有序释放煤炭优质产能

41. 为强化能源保供，发挥煤炭的主体能源作用，财政在加大对主要煤炭调出省份的转移支付支持力度方面，采取了哪些措施？

答：财政部按照党中央、国务院部署，研究建立对主要煤炭调出省份的激励机制。考虑到煤炭调出大省为落实能源保供责任，财政收入受到一定程度影响，财政部拟依托资源能源等困难地区民生政策托底补助资金建立激励机制。具体是：自2023 年起，加大对煤炭调出大省转移支付力度，激励相关省加大向外省调出煤炭资源力度，充分发挥煤炭的主体能源作用，保障国家能源安全。

五、保产业链供应链稳定政策

（十六）推动阶段性减免市场主体房屋租金

42. 为应对疫情影响，推动阶段性减免市场主体房屋租金，采取了哪些措施？

答：2020 年，为抗击疫情，帮助企业渡过难关，财政部指导各地方结合本地实际，对因受新冠肺炎疫情影响，缴纳房产税、城镇土地使用税确有困难的企业，出台了定期减免政策。企业对租户减免租金，资金流减少，导致纳税确有困难的，可按照相关困难减免规定适用减免税政策。上述政策在降低纳税人资金负担、减轻市场主体经营压力方面发挥了有效作用。2022 年，面对疫情反复，经济下行压力加大的形势，国务院对服务业等特殊困难企业出台了新一轮的扶持政策。2 月 18 日，国家发展改革委会同财政部等 14 部门印发《关于促进服务业领域困难行业恢复发展的若干政策》（发改财金〔2022〕271 号），对鼓励地方实行房产税、城镇土地使用税困难减免政策做了统一规定。5 月 24 日，《国务院关于印发扎实稳住经济一揽子政策措施的通知》（国发〔2022〕12 号）明确，2022 年对服务业小微企业和个体工商户承租国有房屋减免 3－6 个月租金，出租人减免租金的可按规定减免当年房产税、城镇土地使用税。按照国务院常务会议精神及相关文件要求，各地结合本地实际，陆续出台了房产税、城镇土地使用税困难减免政策。相关政策运行平稳，减轻了困难行业、企业纳税人的负担，缓解了其资金压力。财政部要求各地财政部门要主动作为，会同税务和其他相关部门，根据本地区推动阶段性减免市场主体房屋租金工作的整体部署，细化完善本地区房产税和城镇土地使用税困难减免政策，充分发挥政策合力，切实减轻企业负担，帮助企业渡过难关。

6月21日，配合住房城乡建设部印发《关于推动阶段性减免市场主体房屋租金工作的通知》（建房〔2022〕50号），明确被列为疫情中高风险地区所在的县级行政区域内的服务业小微企业和个体工商户承租国有房屋的，2022年减免6个月租金，其他地区减免3个月租金。对出租人减免租金的，税务部门根据地方政府有关规定减免当年房产税、城镇土地使用税；鼓励国有银行对减免租金的出租人视需要给予优惠利率质押贷款等支持。各级履行出资人职责的机构（或部门）负责督促指导所监管国有企业落实租金减免政策。有关部门在各自职责范围内指导各地落实国有房屋租金减免政策。因减免租金影响国有企事业单位经营业绩的，在考核中根据实际情况予以认可。非国有房屋出租人对服务业小微企业和个体工商户减免租金的，除同等享受上述政策优惠外，鼓励各地给予更大力度的政策优惠。通过转租、分租形式出租房屋的，要确保租金减免优惠政策惠及最终承租人，不得在转租、分租环节哄抬租金。

（十七）加大对民航等受疫情影响较大行业企业的纾困支持力度

43. 受疫情反复、油价攀升等因素影响，民航企业面临一些困难，为支持民航业安全稳定和纾困发展，采取了哪些措施？

答：2022 年以来，针对新冠肺炎疫情对民航业的影响，按照党中央、国务院的决策部署，财政部会同有关部门出台了多项财税政策，支持民航业安全稳定和纾困发展，在一定程度上缓解了民航企业的经营压力。3 月 3 日，财政部会同税务总局印发《关于促进服务业领域困难行业纾困发展有关增值税政策的公告》（财政部 税务总局公告 2022 年第 11 号），明确航空企业分支机构暂停预缴增值税 1 年。同时，为夯实民航安全基础，财政部联合民航局印发《关于阶段性实施国内客运航班运行财政补贴的通知》（财建〔2022〕142 号），对国内客运航班实际收入扣减变动成本后的亏损额给予补贴，最高亏损额补贴标准上限为每小时 2.4 万元。补贴资金由中央和地方财政共同承担，其中，中央财政对东部、中部、西部地区分别补助 65%、70%、80%，东部、中部、西部地区地方财政分别承担 35%、30%、20%。在支付方式上，补贴资金由航班起飞港所在地（直辖市、计划单列市或地级以上城市）财政部门拨付。中央财政补贴资金列入转移支付下拨相关省级财政部门（航班起飞港所在地为计划单列市的，省级财政部门指计划单列市财政部门），采取先预拨后清算的方式。为推动政策尽快落地见效，中央财政于近日预拨首批补贴资金32.9亿元。同时，要求地方从统筹疫情防控和经济社会发展的高度出发，切实担负起稳定地方经济的责任，统筹落实地方财政应承担的补贴资金，为保障最低飞行航班量和安全飞行提供支持。

44. 什么条件下启动国内客运航班运行财政补贴？补贴的对象和范围是什么？

答：原则上当每周内日均国内客运航班量低于或等于4500班（保持安全运行最低飞行航班数）时，启动财政补贴。国内运输航空公司执飞同时符合下列条件的国内客运航班，纳入资金支持范围：一是国内客运航班，不含港澳台航班、承担重大紧急运输任务的航班、调机、公务机等。二是实际运行的每周内日均国内客运航班量未超过保持安全运行最低飞行航班数。经停航班按每条航段起飞港分别核算。三是每周每条航段平均客座率未超过75%。多家运输航空公司共飞同一航段，按各公司该航段周平均客座率计算。四是航班实际收入无法覆盖变动成本。

45. 对于国内客运航班运行财政补贴的申报审核程序有什么要求？

答：一是每周结束后5个工作日内，符合条件的国内运输航空公司可向航班起飞港所在地财政部门申请前一周航班补贴，并提供执飞航段、班次、飞行时长（轮挡时间）、客座率、航班实际收入、变动成本等数据，以及相关证明材料。二是航班起飞港所在地财政部门会同民航相关地区管理局，按照通知规定，依据民航局每周国内客运航班计划表等有关数据，对航空公司的补贴申请进行审核，并及时将中央和地方财政应补贴的资金足额拨付航空公司。三是民航相关地区管理局应会同省级财政部门汇总审核航班起飞港所在地财政部门编制的整体绩效目标，并按月向民航局、财政部报送绩效目标实现情况。四是政策执行期结束后一个月内，民航相关地区管理局会同省级财政部门汇总审核航班补贴实际执行情况、地方补贴资金到位情况，报民航局、财政部。民航局审核后将资金清算方案报财政部，财政部据此对补贴资金进行清算，多退少补。

（十八）统筹加大对物流枢纽和物流企业的支持力度

46. 为加强农产品现代流通体系建设，提高农产品流通效率，更好保障市场供应，财政采取了哪些措施？

答：2019 年以来，财政部会同商务部开展农产品供应链体系建设，重点推动改造升级农产品批发市场、发展冷链物流、完善终端惠民销售网络等，中央财政通过服务业发展资金予以支持。2022 年，在已支持有关工作的基础上，扩大支持省份范围，聚焦支持重点，抓住集散地和销地两个关键节点，进一步发展农产品冷链物流，提高农产品流通效率和现代化水平。同时，相关补助资金可由地方统筹，适当用于支持农产品市场保供工作。

47. 在支持加快农产品供应链体系建设方面，2022 年中央财政服务业发展资金支持的主要方向是什么？

答：一是支持增强农产品批发市场冷链流通能力，在集散地、销地支持农产品批发市场冷链流通基础设施改造升级，增强流通主渠道冷链服务能力。二是支持提高冷链物流重点干支线配送效率，在销地支持农产品流通企业、冷链物流企业等改扩建冷链集配中心和低温配送中心，集成流通加工等功能，促进农产品冷链物流各环节有序衔接。三是支持完善农产品零售终端冷链环境，在城市供应链末端支持连锁商超、农贸市场、菜市场、生鲜电商等流通企业完善终端冷链物流设施，提高冷链物流终端配送效率。四是统筹支持农产品市场保供。有关省可根据本地实际情况，将获得的农产品供应链体系建设补助资金，适当用于支持农产品市场保供工作。

48. 为支持建设田头小型冷藏保鲜设施，采取了哪些措施？

答：按照《农业农村部办公厅 财政部办公厅关于全面推进农产品产地冷藏保鲜设施建设的通知》要求，2022 年中央财政安排资金 50 亿元，支持各地稳步推进农产品产地冷藏保鲜设施建设，重点围绕蔬菜、水果等鲜活农产品，兼顾地方优势特色品种，合理布局建设农产品产地冷藏保鲜设施，加快补齐发展短板，提高设施运营效率。在实施区域上，在各省

（自治区、直辖市）、新疆生产建设兵团实施，并择优支持蔬菜、水果等产业重点县开展整县推进。832 个脱贫县可充分用好涉农资金统筹整合试点政策，通过中央财政衔接推进乡村振兴补助资金支持产地冷藏保鲜设施建设。在建设内容上，重点支持建设通风贮藏设施、机械冷藏库、气调冷藏库，以及预冷设施设备和其他配套设施设备，具体由主体根据实际需要确定类型和建设规模。在实施主体上，依托县级及以上示范家庭农场和农民专业合作社示范社、已登记的农村集体经济组织实施。在补助标准上，按照不超过建设设施总造价的 30% 进行补贴，单个主体补贴规模最高不超过 100 万元，具体补贴标准由地方制定。在操作方式上，采取"先建后补、以奖代补"的方式，各地利用农业农村部农产品产地冷藏保鲜设施建设项目管理系统进行管理，实行建设申请、审核、公示到补助发放全过程线上管理。

49. 为加快推进县域商业体系建设，促进农村消费和农民增收，采取了哪些措施？

答：为贯彻落实党中央、国务院决策部署，加快推进县域商业体系建设，促进农村消费和农民增收，助力全面推进乡村振兴，财政部会同商务部、国家乡村振兴局于 2022 – 2025 年支持实施县域商业建设行动。中央财政通过服务业发展资金支持引导各省统筹推进县域商业建设行动，主要聚焦县域商业体系中的市场缺位和薄弱环节，发挥县城和乡镇的枢纽、节点作用，加快补齐基础设施和公共服务短板，辐射带动县域商业整体提升。

50. 在支持推进县域商业建设行动方面，中央财政支持的主要方向是什么？

答：一是补齐县域商业基础设施短板，支持升级改造商贸设施，鼓励发展连锁经营和电子商务，拓展消费新业态新场景，打造乡镇商业集聚区。二是完善县乡村三级物流配送体系，整合农村邮政、供销、快递、商贸等企业物流资源，发挥连锁商贸流通企业自建物流优势，降低物流成本。三是改善优化县域消费渠道，引导大型流通企业下沉供应链，发展购物、餐饮、亲子、娱乐、农资等多种农村消费业态。四是增强农村产品上行动能，提高农村产品商品转化率，拓宽农村产品上行渠道。五是提高生活服务供给质量，引导商贸流通企业从传统批发、零售向综合性服务转变，引导特色产业跨界融合。

51. 为支持全国性重点枢纽城市建设，提升枢纽的货物集散、仓储、中转运输、应急保障能力，采取了哪些措施？

答：综合货运枢纽是综合货物运输网络的关键节点，是各种运输方式高效衔接和一体化组织的主要载体。为深入贯彻落实党中央、国务院决策部署，加快构建现代化高质量国家综合立体交通网，根据《车辆购置税收入补助地方资金管理办法》（财建〔2021〕50号）规定，财政部、交通运输部联合支持国家综合货运枢纽补链强链。自2022年起，用3年左右时间集中力量支持一批综合货运枢纽实施基础设施及装备互联互通、完善多式联运标准和服务、构建多方参与的市场化长效机制。在提高循环效能、增强循环动能、降低循环成本中发挥积极作用，有力支撑产业链供应链稳定，服务产业链供应链延伸。2022 年，中央财政将安排 50 亿元，择优支持第一批全国性综合货运枢纽。

52. 财政部采取了哪些措施支持保产业链供应链稳定，推动畅通经济循环?

答：财政部认真贯彻落实国务院的决策部署，积极采取有力措施，支持打通产业链的"断点"和供应链的"堵点"，协同推进产业链供应链稳定和经济循环畅通。主要是在四个方面加大支持力度。一是加大对重点产业链稳定运行的支持力度。进一步加大增值税留抵退税力度，减轻制造业等行业市场主体负担。聚焦重点产业链，安排专项资金支持制造业领域补短板、强弱项。加大中小企业支持力度，加快培育一批"专精特新"企业和制造业单项冠军企业。在现有领域基础上，将新型基础设施、新能源项目纳入地方政府专项债券支持范围，助力新兴产业发展。二是加大对民航等行业企业纾困发展的支持力度。民航业当前处于特殊困难时期，为帮助民航业纾困，财政部会同有关方面出台多项财税政策，包括：暂停航空企业分支机构预缴增值税 1 年，退还航空运输业企业留抵税额，对国内客运航班实施阶段性财政补贴，等等，进一步促进民航业安全稳定和纾困发展。对其他受疫情影响较大的行业企业，也出台了相应的扶持政策。三是加大对物流枢纽和物流企业的支持力度。安排约 50 亿元，择优支持全国性重点枢纽城市，加快推进多式联运融合发展，降低综合货运成本。同时，安排 63.6 亿元资金支持加快农产品供应链体系建设、实施县域商业建设行动，安排约 50 亿元资金支持农产品产地冷藏保鲜设施建设，进一步夯实物流畅通的基础。四是加大对降低市场主体运营成本的支持力度。市场主体是畅通经济大动脉的基本单元。2022 年国务院已经明确，鼓励各地对缴纳房产税、城镇土地使用税确有困难的纳税人给予减免；对减免租金的房屋业主，按规定减免 2022 年房产税、城镇土地使用税。财政部专门开会部署，要求各地财政部门主动作为，细化完善本地区税收减免政策；加强与行业主管部门沟通，推动降低市场主体用水用电用网等成本。

六、保基本民生政策

（十九）实施住房公积金阶段性支持政策

53. 在加大住房公积金助企纾困力度，帮助受疫情影响的企业和缴存人共同渡过难关方面采取了哪些措施？

答：2022年5月20日，住房城乡建设部会同财政部、人民银行印发《关于实施住房公积金阶段性支持政策的通知》（建金〔2022〕45号，以下简称《通知》），《通知》明确，一是受新冠肺炎疫情影响的企业，可按规定申请缓缴住房公积金，到期后进行补缴。在此期间，缴存职工正常提取和申请住房公积金贷款，不受缓缴影响。二是受新冠肺炎疫情影响的缴存人，不能正常偿还住房公积金贷款的，不作逾期处理，不作为逾期记录报送征信部门。三是各地根据当地房租水平和合理租住面积，可提高住房公积金租房提取额度，支持缴存人按需提取，更好地满足缴存人支付房租的实际需要。该政策预计减缓企业负担900多亿元。下一步，财政部将积极配合住房城乡建设部督促地方落实好相关政策，做好政策实施保障和跟踪指导工作。地方财政部门要会同住房城乡建设部门，结合本地实际督促住房公积金管理中心抓紧制定实施具体办法，做好落实工作。

（二十）完善农业转移人口和农村劳动力就业创业支持政策

54. 为加强和规范农业转移人口市民化奖励资金管理，更好发挥奖励资金的政策引导功能，采取了哪些措施？

答：为进一步加强和规范奖励资金管理，2022 年，财政部对《中央财政农业转移人口市民化奖励资金管理办法》作了修订，相关政策作了调整。重点是以下两方面：一是加大对新增落户人口奖励力度。对按照以前年度落户人口分配的存量资金实行按适当比例退坡，退坡腾出的资金与新增资金一并按照新增落户人口分配，进一步加大对新增落户人口的奖励力度，更好体现奖励资金的政策导向。二是加大随迁子女义务教育奖励力度。将农业转移人口市民化奖励资金中用于随迁子女义务教育的奖励规模由 10 亿元增加到 20 亿元，引导地方加强随迁子女义务教育保障。2022 年，中央财政安排农业转移人口市民化奖励资金预算 400 亿元，比上年增加 50 亿元，同比增长 14.3%。按照修订后的管理办法，2022 年农业转移人口市民化奖励资金 400 亿元已于 4 月初全部下达地方。2022 年农业转移人口市民化奖励资金下达后，为推动农业转移人口市民化奖励资金尽快尽早发挥政策效果，财政部印发《财政部关于管好用好 2022 年农业转移人口市民化奖励资金的通知》（财办预〔2022〕138 号），提出了加大支持力度、完善奖励办法、健全分配机制、加强资金管理等一系列要求。

55. 在分配中央财政农业转移人口市民化奖励资金时主要遵循哪些原则？

答：中央财政农业转移人口市民化奖励资金不规定具体用途，中央财政分配下达到省级财政部门，由相关省、自治区、直辖市、计划单列市（以下统称省）根据本地区实际情况统筹安排使用。奖励资金按照以下原则分配：一是突出重点。以各省农业转移人口实际进城落户数为核心因素，对农业转移人口落户规模大、新增落户多、基本公共服务成本高的地区加大支持，对以前年度落户人口的奖励资金逐步退坡。二是促进均等。对财政困难地区给予倾斜，缩小地区间在提供基本公共服务能力上的差距，推进地区间基本公共服务均等化和进城落户农业转移人口与当地户籍居民享受同等基本公共服务"两个均等化"。三是体现差异。考虑吸纳农业转移人口的成本差异，对跨省落户、省内落户和本市落户实行差异化的奖励标准，兼顾中央政府对跨省流动的支持和强化省级政府均衡省内流动的职责。

56. 为支持农村劳动力就业创业，在以工代赈项目优先吸纳农村劳动力方面出台了哪些政策措施？

答：一是通过中央财政衔接推进乡村振兴补助资金安排用于以工代赈任务方向的资金，2022 年该任务方向资金规模 45 亿元，主要用于支持符合规定的以工代赈项目，带动脱贫人口、防止返贫监测对象就近就地就业。2022 年 4 月，中央财政已将上述资金下达地方，同时定期调度资金分解下达进度和支出进度，督促各地抓好政策落实。二是国家发展改革委通过中央基建投资安排部分资金支持各地实施以工代赈项目，带动农村劳动力稳就业、促增收。此外，2020 年 11 月 3 日，国家发展改革委牵头印发了《关于在农业农村基础设施建设领域推广以工代赈方式的意见》，推动农业农村基础设施建设领域符合条件的项目也积极采取以工代赈的实施方式。

（二十一）完善社会民生兜底保障措施

57. 在完善社会民生兜底保障方面，采取了哪些措施？

答：2022 年，中央财政安排困难群众救助补助资金 1547 亿元，支持地方统筹做好低保、特困人员救助供养、临时救助、流浪乞讨人员救助和孤儿基本生活保障等工作，其中，1329 亿元已于 2021 年提前下达地方，其余 218 亿元已于 4 月 9 日全部下达。同时，财政部联合民政部印发通知，要求各地切实保障好困难群众基本生活：一是扎实做好低保等基本生活救助工作，将符合条件的生活困难家庭及时纳入低保范围，并为低保对象、特困人员增发一次性生活补贴，受疫情影响严重地区可为临时生活困难群众发放一次性临时救助金。上述生活补贴和临时救助金标准由地方综合考虑受疫情影响情况、困难群众保障需要等统筹确定。各地还要密切关注物价变动情况，当物价涨幅达到一定标准时，及时启动社会救助和保障标准与物价上涨挂钩联动机制，按时足额发放价格临时补贴。二是加大未参保失业人员等困难群众临时救助力度。对符合条件的生活困难且失业保险政策无法覆盖的农民工等未参保失业人员，经本人申请，由务工地或经常居住地发放一次性临时救助金，帮扶其渡过生活难关。三是全面提升救助工作效能，包括加强摸底排查、主动发现，进一步提高救助可及性、时效性，优化完善救助服务方式等。两部还要求，各地要加强资金保障，统筹用好中央财政补助资金和地方各级财政安排资金，对疫情严重地区给予适当倾斜，同时要强化资金监管，确保资金精准使用。

58. 当前部分地区基层财政比较困难，财政部采取了哪些措施保障基层"三保"？

答：财政部始终将基层"三保"作为一项重要工作常抓不懈，2022 年 2 月专门召开视频会，研究布置做好县区财政平稳运行工作，对各地落实"三保"硬任务提出明确要求。在财政收支矛盾十分突出的情况下，2022 年中央对地方转移支付近 9.8 万亿元，比上年增加约 1.5 万亿元，规模和增幅都是历年最大的。同时，加快下达各项转移支付，具备条件的 5 月底前已全部下达，尽早发挥资金使用效益。总体看，目前地方财政运行平稳有序，基层"三保"支出得到有效保障。

当前，受疫情和退税减税降费等因素影响，县区财政运行压力较大。财政部积极加大对地方财力支持，督促省级财政部门落实主体责任，指导地方各级财政部门严格支出预算管理、加强财政运行监测，筑牢兜实"三保"底线。一是严格落实责任。按照"县级为主、市级帮扶、省级兜底、中央激励"原则，落实分级负责制。建制县（含县级市）的财政运行由省级财政负主要责任，市辖区的财政运行由所在地级市负主要责任，将"三保"责任一贯到底。二是优先保障支出。将"三保"支出作为预算支出重点，首先保障教师等重点群体工资、养老金等按时发放，并将疫苗接种、核酸检测、患者救治、防疫物资及必要生活物资保供等疫情防控必要支出，作为"三保"支出的重要内容。省市级财政部门要充分考虑基层疫情防控支出需要，加大对财政困难县区转移支付力度，制定对突发疫情县区的应急财力保障预案。三是强化财政管理。认真贯彻政府过"紧日子"要求，节俭办一切事业。科学规划、稳步实施政府重大投资项目，严禁脱离实际、超越经济发展水平搞建设，严禁急功近利、寅吃卯粮违规举债上项目，严禁违规建设楼堂馆所。坚持尽力而为、量力而行的原则，审慎出台新的民生政策，确保政策标准与本地区经济社会发展水平相适应，切实把钱花到刀刃上。四是完善运行监测。加强对县区财政运行的研判分析，对地方"三保"及其他刚性支出保障能力、国库库款保障能力、地方政府债务率等，开展联动监测和动态预警，及时发现问题、堵塞漏洞。

59. 当前我国经济面临新的下行压力，再加上实施新的减税退税缓税政策，财政收支压力进一步加大，在这种情况下财政如何支持保障基本民生？

答：做好基本民生财力保障，是坚持以人民为中心的发展思想的具体体现，是落实"六保"任务的重要内容，是财政部门义不容辞的责任。面对当前经济下行压力，财政部门在加大宏观政策调控力度、扎实稳住经济的同时，多措并举、综合施策，加强财政支出管理，确保各项民生政策及时落地。一是加快转移支付下达速度，及时为地方补给财力。在全国人大批准预算后，财政部立即启动转移支付预算下达工作，全面加快资金分配，确保地方有充足的财力做好民生保障工作。截至2022年6月2日，中央对地方转移支付下达率已超过90%，除据实结算、政策尚未确定等资金外，其他具备条件的转移支付已全部下达到位。其中，一次性安排的支持基层落实减税降费和重点民生转移支付1.2万亿元中列入2022年预算8000亿元已全部下达、列入2023年预算4000亿元已全部提前下达，困难群众救助等民生补助资金已基本下达到位。及时下达中央自然灾害救灾资金，支持灾区做好受灾群众救助工作，为地方保障基本民生提供充足财力。二是充分运用财政资金直达机制，保障民生补助资金精准直达受益对象。财政资金直达机制具有"快、准、严"的特点，是确保民生资金精准使用的重要手段。2022年，中央财政进一步扩大中央直达资金范围，将符合条件的惠企利民资金全部纳入直达范围，资金总规模约4万亿元。在此基础上，强化直达资金监控管理，严格执行台账制度，对资金分配、下达和使用等各个环节进行全过程监控，实现资金下达和监控同步"一竿子插到底"，防止资金挤占挪用，确保资金精准用于基本民生。三是层层压实地方责任，确保各项民生政策落实到位。中央财政在加大对地方转移支付力度的同时，进一步压实地方责任，要求地方做好民生兜底保障工作。省级财政部门切实担负起民生保障的主体责任，统筹中央补助资金和自有财力，加大对下转移支付力度，重点向财力薄弱市县倾斜；市级财政部门要加大财力下沉力度，对所辖县区民生保障工作给予帮扶；县级财政要把基本民生作为预算安排重点，优先安排经费预算，兜牢兜实基本民生底线。

第二部分　相关政策文件

国务院关于印发扎实稳住经济一揽子
政策措施的通知

（国发〔2022〕12 号）

各省、自治区、直辖市人民政府，国务院各部委、各直属机构：

今年以来，在以习近平同志为核心的党中央坚强领导下，各地区各部门有力统筹疫情防控和经济社会发展，按照中央经济工作会议和《政府工作报告》部署，扎实做好"六稳"工作，全面落实"六保"任务，我国经济运行总体实现平稳开局。与此同时，新冠肺炎疫情和乌克兰危机导致风险挑战增多，我国经济发展环境的复杂性、严峻性、不确定性上升，稳增长、稳就业、稳物价面临新的挑战。

疫情要防住、经济要稳住、发展要安全，这是党中央的明确要求。要坚持以习近平新时代中国特色社会主义思想为指导，完整、准确、全面贯彻新发展理念，加快构建新发展格局，推动高质量发展，高效统筹疫情防控和经济社会发展，最大程度保护人民生命安全和身体健康，最大限度减少疫情对经济社会发展的影响，统筹发展和安全，努力实现全年经济社会发展预期目标。为深入贯彻落实党中央、国务院决策部署，现将《扎实稳住经济的一揽子政策措施》印发给你们，请认真贯彻执行。

各省、自治区、直辖市人民政府要加强组织领导，结合本地区实际，下更大力气抓好中央经济工作会议精神和《政府工作报告》部署的贯彻落实，同时靠前发力、适当加力，推动《扎实稳住经济的一揽子政策措施》尽快落地见效，确保及时落实到位，尽早对稳住经济和助企纾困等产生更大政策效应。各部门要密切协调配合、形成工作合力，按照《扎实稳住经济的一揽子政策措施》提出的六个方面 33 项具体政策措施及分工安排，对本部门本领域本行业的工作进行再部署再推动再落实，需要出台配套实施细则的，应于 5 月底前全部完成。近期，国务院办公厅将会同有关方面对相关省份稳增长稳市场主体保就业情况开展专项督查。

各地区各部门要进一步提高政治站位，在工作中增强责任感使命感紧迫感，担当作为、求真务实，齐心协力、顽强拼搏，切实担负起稳定宏观经济的责任，以钉钉子精神抓好党中央、国务院各项决策部署的贯彻落实，切实把二季度经济稳住，努力使下半年发展有好的基础，保持经济运行在合理区间，以实际行动迎接党的二十大胜利召开。

附件：扎实稳住经济的一揽子政策措施（六个方面 33 项措施）

国务院

2022 年 5 月 24 日

（本文有删减）

附件：

扎实稳住经济的一揽子政策措施
（六个方面 33 项措施）

一、财政政策（7 项）

1. 进一步加大增值税留抵退税政策力度。在已出台的制造业、科学研究和技术服务业、电力热力燃气及水生产和供应业、软件和信息技术服务业、生态保护和环境治理业、民航交通运输仓储和邮政业等 6 个行业企业的存量留抵税额全额退还、增量留抵税额按月全额退还基础上，研究将批发和零售业，农、林、牧、渔业，住宿和餐饮业，居民服务、修理和其他服务业，教育，卫生和社会工作，文化、体育和娱乐业等 7 个行业企业纳入按月全额退还增量留抵税额、一次性全额退还存量留抵税额政策范围，预计新增留抵退税 1420 亿元。抓紧办理小微企业、个体工商户留抵退税并加大帮扶力度，在纳税人自愿申请的基础上，6 月 30 日前基本完成集中退还存量留抵税额；今年出台的各项留抵退税政策新增退税总额达到约 1.64 万亿元。加强退税风险防范，依法严惩偷税、骗税等行为。

2. 加快财政支出进度。督促指导地方加快预算执行进度，尽快分解下达资金，及时做好资金拨付工作。尽快下达转移支付预算，加快本级支出进度；加大盘活存量资金力度，对结余资金和连续两年未用完的结转资金按规定收回统筹使用，对不足两年的结转资金中不需按原用途使用的资金收回统筹用于经济社会发展急需支持的领域；结合留抵退税、项目建设等需要做好资金调度、加强库款保障，确保有关工作顺利推进。

3. 加快地方政府专项债券发行使用并扩大支持范围。抓紧完成今年专项债券发行使用任务，加快今年已下达的 3.45 万亿元专项债券发行使用进度，在 6 月底前基本发行完毕，力争在 8 月底前基本使用完毕。在依法合规、风险可控的前提下，财政部会同人民银行、银保监会引导商业银行对符合条件的专项债券项目建设主体提供配套融资支持，做好信贷资金和专项债资金的有效衔接。在前期确定的交通基础设施、能源、保障性安居工程等 9 大领域基础上，适当扩大专项债券支持领域，优先考虑将新型基础设施、新能源项目等纳入支持范围。

4. 用好政府性融资担保等政策。今年新增国家融资担保基金再担保合作业务规模 1 万亿元以上。对符合条件的交通运输、餐饮、住宿、旅游行业中小微企业、个体工商户，鼓励政府性融资担保机构提供融资担保支持，政府性融资担保机构及时履行代偿义务，推动金融机构尽快放贷，不盲目抽贷、压贷、断贷，并将上述符合条件的融资担保业务纳入国家融资担保基金再担保合作范围。深入落实中央财政小微企业融资担保降费奖补政策，计划安排 30 亿元资金，支持融资担保机构进一步扩大小微企业融资担保业务规模，降低融资担保费率。推动有条件的地方对支小支农担保业务保费给予阶段性补贴。

5. 加大政府采购支持中小企业力度。将面向小微企业的价格扣除比例由 6% – 10% 提高至 10% – 20%。政府采购工程要落实促进中小企业发展的政府采购政策，根据项目特点、专业类型和专业领域合理划分采购包，积极扩大联合体投标和大企业分包，降低中小企业参与门槛，坚持公开公正、公平竞争，按照统一质量标准，将预留面向中小企业采购的份额由 30% 以上今年阶段性提高至 40% 以上，非预留项目要给予小微企业评审优惠，增加中小企业合同规模。

6. 扩大实施社保费缓缴政策。在确保各项社会保险待遇按时足额支付的前提下，对符合条件地区受疫情影响生产经营出现暂时困难的所有中小微企业、以单位方式参保的个体工商户，阶段性缓缴三项社会保险单位缴费部分，缓缴期限阶段性实施到今年底。在对餐饮、零售、旅游、民航、公路水路铁路运输等 5 个特困行业实施阶段性缓缴三项社保费政策的基础上，对受到疫情严重冲击、行业内大面积出现企业生产经营困难、符合国家产业政策导向的其他特困行业，扩大实施缓缴政策，养老保险费缓缴期限阶段性延长到今年底。

7. 加大稳岗支持力度。优化失业保险稳岗返还政策，进一步提高返还比例，将大型企业稳岗返还比例由 30% 提至50%。拓宽失业保险留工补助受益范围，由中小微企业扩大至受疫情严重影响暂时无法正常生产经营的所有参保企业。企业招用毕业年度高校毕业生，签订劳动合同并参加失业保险的，可按每人不超过 1500 元的标准，发放一次性扩岗补助，具体补助标准由各省份确定，与一次性吸纳就业补贴不重复享受，政策执行期限至今年底。

二、货币金融政策（5 项）

8. 鼓励对中小微企业和个体工商户、货车司机贷款及受疫情影响的个人住房与消费贷款等实施延期还本付息。商业银行等金融机构继续按市场化原则与中小微企业（含中小微企业主）和个体工商户、货车司机等自主协商，对其贷款实施延期还本付息，努力做到应延尽延，本轮延期还本付息日期原则上不超过 2022 年底。中央汽车企业所属金融子企业要发挥引领示范作用，对 2022 年 6 月 30 日前发放的商用货车消费贷款给予 6 个月延期还本付息支持。对因感染新冠肺炎住院治疗或隔离、受疫情影响隔离观察或失去收入来源的人群，金融机构对其存续的个人住房、消费等贷款，灵活采取合理延后还款时间、延长贷款期限、延期还本等方式调整还款计划。对延期贷款坚持实质性风险判断，不单独因疫情因素下调贷款风险分类，不影响征信记录，并免收罚息。

9. 加大普惠小微贷款支持力度。继续新增支农支小再贷款额度。将普惠小微贷款支持工具的资金支持比例由 1% 提高至 2%，即由人民银行按相关地方法人银行普惠小微贷款余额增量（包括通过延期还本付息形成的普惠小微贷款）的 2% 提供资金支持，更好引导和支持地方法人银行发放普惠小微贷款。指导金融机构和大型企业支持中小微企业应收账款质押等融资，抓紧修订制度将商业汇票承兑期限由 1 年缩短至 6 个月，并加大再贴现支持力度，以供应链融资和银企合作支持大中小企业融通发展。

10. 继续推动实际贷款利率稳中有降。在用好前期降准资金、扩大信贷投放的基础上，充分发挥市场利率定价自律机制作用，持续释放贷款市场报价利率（LPR）形成机制改革效能，发挥存款利率市场化调整机制作用，引导金融机构将存款利率下降效果传导至贷款端，继续推动实际贷款利率稳中有降。

11. 提高资本市场融资效率。科学合理把握首次公开发行股票并上市（IPO）和再融资常态化。支持内地企业在香港上市，依法依规推进符合条件的平台企业赴境外上市。继续支持和鼓励金融机构发行金融债券，建立"三农"、小微企业、绿色、双创金融债券绿色通道，为重点领域企业提供融资支持。督促指导银行间债券市场和交易所债券市场各基础设施全面梳理收费项目，对民营企业债券融资交易费用能免尽免，进一步释放支持民营企业的信号。

12. 加大金融机构对基础设施建设和重大项目的支持力度。政策性开发性银行要优化贷款结构，投放更多更长期限贷款；引导商业银行进一步增加贷款投放、延长贷款期限；鼓励保险公司等发挥长期资金优势，加大对水利、水运、公路、物流等基础设施建设和重大项目的支持力度。

三、稳投资促消费等政策（6 项）

13. 加快推进一批论证成熟的水利工程项目。2022 年再开工一批已纳入规划、条件成熟的项目，包括南水北调后续工程等重大引调水、骨干防洪减灾、病险水库除险加固、灌区建设和改造等工程。进一步完善工程项目清单，加强组织实施、协调推动并优化工作流程，切实提高水资源保障和防灾减灾能力。

14. 加快推动交通基础设施投资。对沿江沿海沿边及港口航道等综合立体交通网工程，加强资源要素保障，优化审批程序，抓紧推动上马实施，确保应开尽开、能开尽开。支持中国国家铁路集团有限公司发行 3000 亿元铁路建设债券。启动新一轮农村公路建设和改造，在完成今年目标任务的基础上，进一步加强金融等政策支持，再新增完成新改建农村公路 3 万公里、实施农村公路安全生命防护工程 3 万公里、改造农村公路危桥 3000 座。

15. 因地制宜继续推进城市地下综合管廊建设。指导各地在城市老旧管网改造等工作中协同推进管廊建设，在城市新区根据功能需求积极发展干、支线管廊，合理布局管廊系统，统筹各类管线敷设。加快明确入廊收费政策，多措并举解决投融资受阻问题，推动实施一批具备条件的地下综合管廊项目。

16. 稳定和扩大民间投资。启动编制国家重大基础设施发展规划，扎实开展基础设施高质量发展试点，有力有序推进"十四五"规划 102 项重大工程实施，鼓励和吸引更多社会资本参与国家重大工程项目。在供应链产业链招投标项目中对大中小企业联合体给予倾斜，鼓励民营企业充分发挥自身优势参与攻关。2022 年新增支持 500 家左右专精特新"小巨人"企业。鼓励民间投资以城市基础设施等为重点，通过综合开发模式参与重点领域项目建设。

17. 促进平台经济规范健康发展。出台支持平台经济规范健康发展的具体措施，在防止资本无序扩张的前提下设立"红绿灯"，维护市场竞争秩序，以公平竞争促进平台经济规范健康发展。充分发挥平台经济的稳就业作用，稳定平台企业及其共生中小微企业的发展预期，以平台企业发展带动中小微企业纾困。引导平台企业在疫情防控中做好防疫物资和重要民生商品保供"最后一公里"的线上线下联动。鼓励平台企业加快人工智能、云计算、区块链、操作系统、处理器等领域技术研发突破。

18. 稳定增加汽车、家电等大宗消费。各地区不得新增汽车限购措施，已实施限购的地区逐步增加汽车增量指标数量、放宽购车人员资格限制，鼓励实施城区、郊区指标差异化政策。加快出台推动汽车由购买管理向使用管理转变的政策文件。全面取消二手车限迁政策，在全国范围取消对符合国五排放标准小型非营运二手车的迁入限制，完善二手车市场主体登记注册、备案和车辆交易登记管理规定。支持汽车整车进口口岸地区开展平行进口业务，完善平行进口汽车环保信息公开制度。对皮卡车进城实施精细化管理，研究进一步放宽皮卡车进城限制。研究今年内对一定排量以下乘用车减征车辆购置税的支持政策。优化新能源汽车充电桩（站）投资建设运营模式，逐步实现所有小区和经营性停车场充电设施全覆盖，加快推进高速公路服务区、客运枢纽等区域充电桩（站）建设。鼓励家电生产企业开展回收目标责任制行动，引导金融机构提升金融服务能力，更好满足消费升级需求。

四、保粮食能源安全政策（5 项）

19. 健全完善粮食收益保障等政策。针对当前农资价格依然高企情况，在前期已发放 200 亿元农资补贴的基础上，及时发放第二批 100 亿元农资补贴，弥补成本上涨带来的种粮收益下降。积极做好钾肥进口工作。完善最低收购价执行预案，落实好 2022 年适当提高稻谷、小麦最低收购价水平的政策要求，根据市场形势及时启动收购，保护农民种粮积极性。优化种粮补贴政策，健全种粮农民补贴政策框架。

20. 在确保安全清洁高效利用的前提下有序释放煤炭优质产能。建立健全煤炭产量激励约束政策机制。依法依规加快保供煤矿手续办理，在确保安全生产和生态安全的前提下支持符合条件的露天和井工煤矿项目释放产能。尽快调整核增产能政策，支持具备安全生产条件的煤矿提高生产能力，加快煤矿优质产能释放，保障迎峰度夏电力电煤供应安全。

21. 抓紧推动实施一批能源项目。推动能源领域基本具备条件今年可开工的重大项目尽快实施。积极稳妥推进金沙江龙盘等水电项目前期研究论证和设计优化工作。加快推动以沙漠、戈壁、荒漠地区为重点的大型风电光伏基地建设，近期抓紧启动第二批项目，统筹安排大型风光电基地建设项目用地用林用草用水，按程序核准和开工建设基地项目、煤电项目和特高压输电通道。重点布局一批对电力系统安全保障作用强、对新能源规模化发展促进作用大、经济指标相对优越的抽水蓄能电站，加快条件成熟项目开工建设。加快推进张北至胜利、川渝主网架交流工程，以及陇东至山东、金上至湖北直流工程等跨省区电网项目规划和前期工作。

22. 提高煤炭储备能力和水平。用好支持煤炭清洁高效利用专项再贷款和合格银行贷款。压实地方储备责任。

23. 加强原油等能源资源储备能力。谋划储备项目并尽早开工。推进政府储备项目建设，已建成项目尽快具备储备能力。

五、保产业链供应链稳定政策（7 项）

24. 降低市场主体用水用电用网等成本。全面落实对受疫情影响暂时出现生产经营困难的小微企业和个体工商户用水、用电、用气"欠费不停供"政策，设立 6 个月的费用缓缴期，并可根据当地实际进一步延长，缓缴期间免收欠费滞纳金。指导地方对中小微企业、个体工商户水电气等费用予以补贴。清理规范城镇供水供电供气供暖等行业收费，取消不合理收费，规范政府定价和经营者价格收费行为，对保留的收费项目实行清单制管理。2022 年中小微企业宽带和专线平均资费再降10％。在招投标领域全面推行保函（保险）替代现金缴纳投标、履约、工程质量等保证金，鼓励招标人对中小微企业投标人免除投标担保。

25. 推动阶段性减免市场主体房屋租金。2022 年对服务业小微企业和个体工商户承租国有房屋减免 3－6 个月租金；出租人减免租金的可按规定减免当年房产税、城镇土地使用税，并引导国有银行对减免租金的出租人视需要给予优惠利率质押贷款等支持。非国有房屋减免租金的可同等享受上述政策优惠。鼓励和引导各地区结合自身实际，拿出更多务实管用举措推动减免市场主体房屋租金。

26. 加大对民航等受疫情影响较大行业企业的纾困支持力度。在用好支持煤炭清洁高效利用、交通物流、科技创新、普惠养老等专项再贷款的同时，增加民航应急贷款额度 1500 亿元，并适当扩大支持范围，支持困难航空企业渡过难关。支持航空业发行 2000 亿元债券。统筹考虑民航基础设施建设需求等因素，研究解决资金短缺等问题；同时，研究提出向有关航空企业注资的具体方案。有序增加国际客运航班数量，为便利中外人员往来和对外经贸交流合作创造条件。鼓励银行向文化旅游、餐饮住宿等其他受疫情影响较大行业企业发放贷款。

27. 优化企业复工达产政策。疫情中高风险地区要建立完善运行保障企业、防疫物资生产企业、连续生产运行企业、产业链供应链重点企业、重点外贸外资企业、"专精特新"中小企业等重点企业复工达产"白名单"制度，及时总结推广"点对点"运输、不见面交接、绿色通道等经验做法，细化实化服务"白名单"企业措施，推动部省联动和区域互认，协同推动产业链供应链企业复工达产。积极引导各地区落实属地责任，在发生疫情时鼓励具备条件的企业进行闭环生产，保障其稳定生产，原则上不要求停产；企业所在地政府要做好疫情防控指导，加强企业员工返岗、物流保障、上下游衔接等方面服务，尽量减少疫情对企业正常生产经营的影响。

28. 完善交通物流保通保畅政策。全面取消对来自疫情低风险地区货运车辆的防疫通行限制，着力打通制造业物流"瓶颈"，加快产成品库存周转进度；不得擅自阻断或关闭高速公路、普通公路、航道船闸，严禁硬隔离县乡村公路，不得擅自关停高速公路服务区、港口码头、铁路车站和民用运输机场。严禁限制疫情低风险地区人员正常流动。对来自或进出疫情中高风险地区所在地市的货运车辆，落实"即采即走即追"制度。客货运司机、快递员、船员到异地免费检测点进行核酸检测和抗原检测，当地政府视同本地居民纳入检测范围、享受同等政策，所需费用由地方财政予以保障。

29. 统筹加大对物流枢纽和物流企业的支持力度。加快宁波舟山大宗商品储运基地建设，开展大宗商品储运基地整体布局规划研究。2022 年，中央财政安排 50 亿元左右，择优支持全国性重点枢纽城市，提升枢纽的货物集散、仓储、中转运输、应急保障能力，引导加快推进多式联运融合发展，降低综合货运成本。2022 年，中央财政在服务业发展资金中安排约 25 亿元支持加快农产品供应链体系建设，安排约 38 亿元支持实施县域商业建设行动。加快 1000 亿元交通物流专项再贷款政策落地，支持交通物流等企业融资，加大结构性货币政策工具对稳定供应链的支持。在农产品主产区和特色农产品优势区支持建设一批田头小型冷藏保鲜设施，推动建设一批产销冷链集配中心。

30. 加快推进重大外资项目积极吸引外商投资。在已纳入工作专班、开辟绿色通道推进的重大外资项目基础上，充分发挥重大外资项目牵引带动作用，尽快论证启动投资数额大、带动作用强、产业链上下游覆盖面广的重大外资项目。加快修订《鼓励外商投资产业目录》，引导外资更多投向先进制造、科技创新等领域以及中西部和东北地区，支持外商投资设立高新技术研发中心等。进一步拓宽企业跨境融资渠道，支持符合条件的高新技术和"专精特新"企业开展外债便利化额度试点。建立完善与在华外国商协会、外资企业常态化交流机制，积极解决外资企业在华营商便利等问题，进一步稳住和扩大外商投资。

六、保基本民生政策（3 项）

31. 实施住房公积金阶段性支持政策。受疫情影响的企业，可按规定申请缓缴住房公积金，到期后进行补缴。在此期间，缴存职工正常提取和申请住房公积金贷款，不受缓缴影响。受疫情影响的缴存人，不能正常偿还住房公积金贷款的，不作逾期处理，不纳入征信记录。各地区可根据本地实际情况，提高住房公积金租房提取额度，更好满足实际需要。

32. 完善农业转移人口和农村劳动力就业创业支持政策。加强对吸纳农业转移人口较多区域、行业的财政和金融支持，中央财政农业转移人口市民化奖励资金安排 400 亿元，推动健全常住地提供基本公共服务制度，将符合条件的新市民纳入创业担保贷款扶持范围。依据国土空间规划和上一年度进城落户人口数量，合理安排各类城镇年度新增建设用地规模。拓宽农村劳动力就地就近就业渠道。重大工程建设、以工代赈项目优先吸纳农村劳动力。

33. 完善社会民生兜底保障措施。指导各地落实好社会救助和保障标准与物价上涨挂钩联动机制，及时足额发放补贴，保障低收入群体基本生活。用好中央财政下拨的 1547 亿元救助补助资金，压实地方政府责任，通过财政资金直达机制，及时足额发放到需要帮扶救助的群众手中。做好受灾人员生活救助，精准做好需要救助保障的困难群体帮扶工作，对临时生活困难群众给予有针对性帮扶。针对当前部分地区因局部聚集性疫情加强管控，同步推进疫情防控和保障群众基本生活，做好米面油、蔬菜、肉蛋奶等生活物资保供稳价工作。统筹发展和安全，抓好安全生产责任落实，深入开展安全大检查，严防交通、建筑、煤矿、燃气等方面安全事故，开展自建房安全专项整治，切实保障人民群众生命财产安全。

财政部　税务总局关于切实落实燃煤发电企业增值税留抵退税政策　做好电力保供工作的通知

（财税〔2022〕25 号）

各省、自治区、直辖市、计划单列市财政厅（局），新疆生产建设兵团财政局，国家税务总局各省、自治区、直辖市、计划单列市税务局：

为进一步做好能源电力保供工作，现就落实燃煤发电企业增值税留抵退税政策有关事项通知如下：

对购买使用进口煤炭的燃煤发电企业，符合《财政部 税务总局关于进一步加大增值税期末留抵退税政策实施力度的公告》（财政部　税务总局公告 2022 年第 14 号）规定的，在纳税人自愿申请的基础上，进一步加快留抵退税办理进度，规范高效便捷为其办理留抵退税。

各地财政和税务部门要高度重视燃煤发电企业留抵退税工作，密切部门间协作，加强政策宣传辅导，及时掌握企业经营和税收情况，重点做好购买使用进口煤炭的燃煤发电企业留抵退税落实工作。

财政部　税务总局

2022 年 6 月 24 日

财政部 税务总局关于扩大全额退还增值税留抵税额政策行业范围的公告

（财政部 税务总局公告 2022 年第 21 号）

为进一步加大增值税留抵退税政策实施力度，着力稳市场主体稳就业，现将扩大全额退还增值税留抵税额政策行业范围有关政策公告如下：

一、扩大全额退还增值税留抵税额政策行业范围，将《财政部 税务总局关于进一步加大增值税期末留抵退税政策实施力度的公告》（财政部 税务总局公告 2022 年第 14 号，以下称 2022 年第 14 号公告）第二条规定的制造业等行业按月全额退还增值税增量留抵税额、一次性退还存量留抵税额的政策范围，扩大至"批发和零售业""农、林、牧、渔业""住宿和餐饮业""居民服务、修理和其他服务业""教育""卫生和社会工作""文化、体育和娱乐业"（以下称批发零售业等行业）企业（含个体工商户，下同）。

（一）符合条件的批发零售业等行业企业，可以自 2022 年 7 月纳税申报期起向主管税务机关申请退还增量留抵税额。

（二）符合条件的批发零售业等行业企业，可以自 2022 年 7 月纳税申报期起向主管税务机关申请一次性退还存量留抵税额。

二、2022 年第 14 号公告和本公告所称制造业、批发零售业等行业企业，是指从事《国民经济行业分类》中"批发和零售业""农、林、牧、渔业""住宿和餐饮业""居民服务、修理和其他服务业""教育""卫生和社会工作""文化、体育和娱乐业""制造业""科学研究和技术服务业""电力、热力、燃气及水生产和供应业""软件和信息技术服务业""生态保护和环境治理业""交通运输、仓储和邮政业"业务相应发生的增值税销售额占全部增值税销售额的比重超过 50% 的纳税人。

上述销售额比重根据纳税人申请退税前连续 12 个月的销售额计算确定；申请退税前经营期不满 12 个月但满 3 个月的，按照实际经营期的销售额计算确定。

三、按照 2022 年第 14 号公告第六条规定适用《中小企业划型标准规定》（工信部联企业〔2011〕300 号）和《金融业企业划型标准规定》（银发〔2015〕309 号）时，纳税人的行业归属，根据《国民经济行业分类》关于以主要经济活动确定行业归属的原则，以上一会计年度从事《国民经济行业分类》对应业务增值税销售额占全部增值税销售额比重最高的行业确定。

四、制造业、批发零售业等行业企业申请留抵退税的其他规定，继续按照 2022 年第 14 号公告等有关规定执行。

五、本公告第一条和第二条自 2022 年 7 月 1 日起执行；第三条自公告发布之日起执行。

各级财政和税务部门要坚决贯彻党中央、国务院决策部署，按照 2022 年第 14 号公告、《财政部 税务总局关于进一步加快增值税期末留抵退税政策实施进度的公告》（财政部 税务总局公告 2022 年第 17 号）、《财政部 税务总局关于进一步持续加快增值税期末留抵退税政策实施进度的公告》（财政部 税务总局公告 2022 年第 19 号）和本公告有关要求，在纳税人自愿申请的基础上，狠抓落实，持续加快留抵退税进度。同时，严密防范退税风险，严厉打击骗税行为。

特此公告。

财政部 税务总局

2022 年 6 月 7 日

财政部　税务总局关于进一步持续加快
增值税期末留抵退税政策实施进度的公告

（财政部　税务总局公告 2022 年第 19 号）

为进一步加快释放大规模增值税留抵退税政策红利，现将有关政策公告如下：

一、提前退还大型企业存量留抵税额，将《财政部　税务总局关于进一步加大增值税期末留抵退税政策实施力度的公告》（财政部　税务总局公告 2022 年第 14 号，以下称 2022 年第 14 号公告）第二条第二项规定的"符合条件的制造业等行业大型企业，可以自 2022 年 10 月纳税申报期起向主管税务机关申请一次性退还存量留抵税额"调整为"符合条件的制造业等行业大型企业，可以自 2022 年 6 月纳税申报期起向主管税务机关申请一次性退还存量留抵税额"。2022 年 6 月 30 日前，在纳税人自愿申请的基础上，集中退还大型企业存量留抵税额。

二、各级财政和税务部门要坚决贯彻党中央、国务院决策部署，充分认识实施好大规模留抵退税政策的重要意义，按照 2022 年第 14 号公告、《财政部　税务总局关于进一步加快增值税期末留抵退税政策实施进度的公告》（财政部　税务总局公告 2022 年第 17 号）和本公告有关要求，持续加快留抵退税进度，进一步抓紧办理小微企业、个体工商户留抵退税，加大帮扶力度，在纳税人自愿申请的基础上，积极落实存量留抵退税在 2022 年 6 月 30 日前集中退还的退税政策。同时，严密防范退税风险，严厉打击骗税行为，确保留抵退税退得快、退得准、退得稳、退得好。

特此公告。

财政部　税务总局
2022 年 5 月 17 日

财政部 税务总局关于快递收派服务免征增值税政策的公告

（财政部 税务总局公告 2022 年第 18 号）

现将快递收派服务免征增值税政策公告如下：

自 2022 年 5 月 1 日至 2022 年 12 月 31 日，对纳税人为居民提供必需生活物资快递收派服务取得的收入，免征增值税。

快递收派服务的具体范围，按照《销售服务、无形资产、不动产注释》（财税〔2016〕36 号印发）执行。

特此公告。

财政部 税务总局

2022 年 4 月 29 日

财政部　税务总局关于进一步加快增值税期末留抵退税政策实施进度的公告

（财政部　税务总局公告 2022 年第 17 号）

为尽快释放大规模增值税留抵退税政策红利，在帮扶市场主体渡难关上产生更大政策效应，现将进一步加快增值税期末留抵退税政策实施进度有关政策公告如下：

一、加快小微企业留抵退税政策实施进度，按照《财政部　税务总局关于进一步加大增值税期末留抵退税政策实施力度的公告》（财政部　税务总局公告 2022 年第 14 号，以下称 2022 年第 14 号公告）规定，抓紧办理小微企业留抵退税，在纳税人自愿申请的基础上，加快退税进度，积极落实微型企业、小型企业存量留抵税额分别于 2022 年 4 月 30 日前、6 月 30 日前集中退还的退税政策。

二、提前退还中型企业存量留抵税额，将 2022 年第 14 号公告第二条第二项规定的"符合条件的制造业等行业中型企业，可以自 2022 年 7 月纳税申报期起向主管税务机关申请一次性退还存量留抵税额"调整为"符合条件的制造业等行业中型企业，可以自 2022 年 5 月纳税申报期起向主管税务机关申请一次性退还存量留抵税额"。2022 年 6 月 30 日前，在纳税人自愿申请的基础上，集中退还中型企业存量留抵税额。

三、各级财政和税务部门要进一步增强工作责任感和紧迫感，高度重视留抵退税工作，建立健全工作机制，密切配合，上下协同，加强政策宣传辅导，优化退税服务，提高审核效率，加快留抵退税办理进度，强化资金保障，对符合条件、低风险的纳税人，要最大程度优化留抵退税办理流程，简化退税审核程序，高效便捷地为纳税人办理留抵退税，同时，严密防范退税风险，严厉打击骗税行为，确保留抵退税措施不折不扣落到实处、见到实效。

特此公告。

财政部　税务总局

2022 年 4 月 17 日

财政部　税务总局　科技部关于进一步提高科技型中小企业研发费用税前加计扣除比例的公告

（财政部　税务总局　科技部公告 2022 年第 16 号）

为进一步支持科技创新，鼓励科技型中小企业加大研发投入，现就提高科技型中小企业研究开发费用（以下简称研发费用）税前加计扣除比例有关问题公告如下：

一、科技型中小企业开展研发活动中实际发生的研发费用，未形成无形资产计入当期损益的，在按规定据实扣除的基础上，自 2022 年 1 月 1 日起，再按照实际发生额的 100% 在税前加计扣除；形成无形资产的，自 2022 年 1 月 1 日起，按照无形资产成本的 200% 在税前摊销。

二、科技型中小企业条件和管理办法按照《科技部　财政部　国家税务总局关于印发〈科技型中小企业评价办法〉的通知》（国科发政〔2017〕115 号）执行。

三、科技型中小企业享受研发费用税前加计扣除政策的其他政策口径和管理要求，按照《财政部　国家税务总局　科技部关于完善研究开发费用税前加计扣除政策的通知》（财税〔2015〕119 号）、《财政部　税务总局　科技部关于企业委托境外研究开发费用税前加计扣除有关政策问题的通知》（财税

〔2018〕64 号）等文件相关规定执行。

四、本公告自 2022 年 1 月 1 日起执行。

财政部　税务总局　科技部

2022 年 3 月 23 日

财政部　税务总局关于对增值税
小规模纳税人免征增值税的公告

（财政部　税务总局公告 2022 年第 15 号）

为进一步支持小微企业发展，现将有关增值税政策公告如下：

自 2022 年 4 月 1 日至 2022 年 12 月 31 日，增值税小规模纳税人适用 3% 征收率的应税销售收入，免征增值税；适用 3% 预征率的预缴增值税项目，暂停预缴增值税。

《财政部　税务总局关于延续实施应对疫情部分税费优惠政策的公告》（财政部　税务总局公告 2021 年第 7 号）第一条规定的税收优惠政策，执行期限延长至 2022 年 3 月 31 日。

特此公告。

财政部　税务总局

2022 年 3 月 24 日

财政部 税务总局关于进一步加大增值税期末留抵退税政策实施力度的公告

（财政部 税务总局公告 2022 年第 14 号）

为支持小微企业和制造业等行业发展，提振市场主体信心、激发市场主体活力，现将进一步加大增值税期末留抵退税实施力度有关政策公告如下：

一、加大小微企业增值税期末留抵退税政策力度，将先进制造业按月全额退还增值税增量留抵税额政策范围扩大至符合条件的小微企业（含个体工商户，下同），并一次性退还小微企业存量留抵税额。

（一）符合条件的小微企业，可以自 2022 年 4 月纳税申报期起向主管税务机关申请退还增量留抵税额。在 2022 年 12 月 31 日前，退税条件按照本公告第三条规定执行。

（二）符合条件的微型企业，可以自 2022 年 4 月纳税申报期起向主管税务机关申请一次性退还存量留抵税额；符合条件的小型企业，可以自 2022 年 5 月纳税申报期起向主管税务机关申请一次性退还存量留抵税额。

二、加大"制造业""科学研究和技术服务业""电力、热力、燃气及水生产和供应业""软件和信息技术服务业""生态保护和环境治理业""交通运输、仓储和邮政业"（以下称制造业等行业）增值税期末留抵退税政策力度，将先进制造业按月全额退还增值税增量留抵税额政策范围扩大至符合条件的制造业等行业企业（含个体工商户，下同），并一次性退还制造业等行业企业存量留抵税额。

（一）符合条件的制造业等行业企业，可以自 2022 年 4 月纳税申报期起向主管税务机关申请退还增量留抵税额。

（二）符合条件的制造业等行业中型企业，可以自 2022 年 7 月纳税申报期起向主管税务机关申请一次性退还存量留抵税额；符合条件的制造业等行业大型企业，可以自 2022 年 10 月纳税申报期起向主管税务机关申请一次性退还存量留抵税额。

三、适用本公告政策的纳税人需同时符合以下条件：

（一）纳税信用等级为 A 级或者 B 级；

（二）申请退税前 36 个月未发生骗取留抵退税、骗取出口退税或虚开增值税专用发票情形；

（三）申请退税前 36 个月未因偷税被税务机关处罚两次及以上；

（四）2019 年 4 月 1 日起未享受即征即退、先征后返（退）政策。

四、本公告所称增量留抵税额，区分以下情形确定：

（一）纳税人获得一次性存量留抵退税前，增量留抵税额为当期期末留抵税额与 2019 年 3 月 31 日相比新增加的留抵税额。

（二）纳税人获得一次性存量留抵退税后，增量留抵税额为当期期末留抵税额。

五、本公告所称存量留抵税额，区分以下情形确定：

（一）纳税人获得一次性存量留抵退税前，当期期末留抵税额大于或等于 2019 年 3 月 31 日期末留抵税额的，存量留抵税额为 2019 年 3 月 31 日期末留抵税额；当期期末留抵税额小于 2019 年 3 月 31 日期末留抵税额的，存量留抵税额为当期期末留抵税额。

（二）纳税人获得一次性存量留抵退税后，存量留抵税额为零。

六、本公告所称中型企业、小型企业和微型企业，按照《中小企业划型标准规定》（工信部联企业〔2011〕300 号）和《金融业企业划型标准规定》（银发〔2015〕309 号）中的营业收入指标、资产总额指标确定。其中，资产总额指标按照纳税人上一会计年度年末值确定。营业收入指标按照纳税人上一会计年度增值税销售额确定；不满一个会计年度的，按照以下公式计算：

增值税销售额（年）＝上一会计年度企业实际存续期间增值税销售额/企业实际存续月数×12

本公告所称增值税销售额，包括纳税申报销售额、稽查查补销售额、纳税评估调整销售额。适用增值税差额征税政策的，以差额后的销售额确定。

对于工信部联企业〔2011〕300 号和银发〔2015〕309 号文件所列行业以外的纳税人，以及工信部联企业〔2011〕300 号文件所列行业但未采用营业收入指标或资产总额指标划型确定的纳税人，微型企业标准为增值税销售额（年）100 万元以下（不含 100 万元）；小型企业标准为增值税销售额（年）2000 万元以下（不含 2000 万元）；中型企业标准为增值税销售额（年）1 亿元以下（不含 1 亿元）。

本公告所称大型企业，是指除上述中型企业、小型企业和微型企业外的其他企业。

七、本公告所称制造业等行业企业，是指从事《国民经济行业分类》中"制造业""科学研究和技术服务业""电力、热力、燃气及水生产和供应业""软件和信息技术服务业""生态保护和环境治理业""交通运输、仓储和邮政业"业务相应发生的增值税销售额占全部增值税销售额的比重超过50% 的纳税人。

上述销售额比重根据纳税人申请退税前连续 12 个月的销售额计算确定；申请退税前经营期不满 12 个月但满 3 个月的，按照实际经营期的销售额计算确定。

八、适用本公告政策的纳税人，按照以下公式计算允许退还的留抵税额：

允许退还的增量留抵税额 = 增量留抵税额 × 进项构成比例 ×100%

允许退还的存量留抵税额 = 存量留抵税额 × 进项构成比例 ×100%

进项构成比例，为 2019 年 4 月至申请退税前一税款所属期已抵扣的增值税专用发票（含带有"增值税专用发票"字样全面数字化的电子发票、税控机动车销售统一发票）、收费公路通行费增值税电子普通发票、海关进口增值税专用缴款书、解缴税款完税凭证注明的增值税额占同期全部已抵扣进项税额的比重。

九、纳税人出口货物劳务、发生跨境应税行为，适用免抵退税办法的，应先办理免抵退税。免抵退税办理完毕后，仍符合本公告规定条件的，可以申请退还留抵税额；适用免退税办法的，相关进项税额不得用于退还留抵税额。

十、纳税人自 2019 年 4 月 1 日起已取得留抵退税款的，不得再申请享受增值税即征即退、先征后返（退）政策。纳税人可以在 2022 年 10 月 31 日前一次性将已取得的留抵退税款全部缴回后，按规定申请享受增值税即征即退、先征后返（退）政策。

纳税人自 2019 年 4 月 1 日起已享受增值税即征即退、先征后返（退）政策的，可以在 2022 年 10 月 31 日前一次性将已退还的增值税即征即退、先征后返（退）税款全部缴回后，按规定申请退还留抵税额。

十一、纳税人可以选择向主管税务机关申请留抵退税，也可以选择结转下期继续抵扣。纳税人应在纳税申报期内，完成当期增值税纳税申报后申请留抵退税。2022 年 4 月至 6 月的留抵退税申请时间，延长至每月最后一个工作日。

纳税人可以在规定期限内同时申请增量留抵退税和存量留抵退税。同时符合本公告第一条和第二条相关留抵退税政策的纳税人，可任意选择申请适用上述留抵退税政策。

十二、纳税人取得退还的留抵税额后，应相应调减当期留抵税额。

如果发现纳税人存在留抵退税政策适用有误的情形，纳税人应在下个纳税申报期结束前缴回相关留抵退税款。

以虚增进项、虚假申报或其他欺骗手段，骗取留抵退税款的，由税务机关追缴其骗取的退税款，并按照《中华人民共和国税收征收管理法》等有关规定处理。

十三、适用本公告规定留抵退税政策的纳税人办理留抵退税的税收管理事项，继续按照现行规定执行。

十四、除上述纳税人以外的其他纳税人申请退还增量留抵税额的规定，继续按照《财政部　税务总局　海关总署关于深化增值税改革有关政策的公告》（财政部　税务总局　海关总署公告 2019 年第 39 号）执行，其中，第八条第三款关于"进项构成比例"的相关规定，按照本公告第八条规定执行。

十五、各级财政和税务部门务必高度重视留抵退税工作，摸清底数、周密筹划、加强宣传、密切协作、统筹推进，并分别于 2022 年 4 月 30 日、6 月 30 日、9 月 30 日、12 月 31 日前，在纳税人自愿申请的基础上，集中退还微型、小型、中型、大型企业存量留抵税额。税务部门结合纳税人留抵退税申请情况，规范高效便捷地为纳税人办理留抵退税。

十六、本公告自 2022 年 4 月 1 日施行。《财政部　税务总局关于明确部分先进制造业增值税期末留抵退税政策的公告》（财政部　税务总局公告 2019 年第 84 号）、《财政部　税务总局关于明确国有农用地出租等增值税政策的公告》（财政部税务总局公告 2020 年第 2 号）第六条、《财政部　税务总局关于明确先进制造业增值税期末留抵退税政策的公告》（财政部税务总局公告 2021 年第 15 号）同时废止。

特此公告。

财政部　税务总局

2022 年 3 月 21 日

财政部　税务总局关于进一步实施小微企业所得税优惠政策的公告

（财政部　税务总局公告 2022 年第 13 号）

为进一步支持小微企业发展，现将有关税收政策公告如下：

一、对小型微利企业年应纳税所得额超过 100 万元但不超过 300 万元的部分，减按 25% 计入应纳税所得额，按 20% 的税率缴纳企业所得税。

二、本公告所称小型微利企业，是指从事国家非限制和禁止行业，且同时符合年度应纳税所得额不超过 300 万元、从业人数不超过 300 人、资产总额不超过 5000 万元等三个条件的企业。

从业人数，包括与企业建立劳动关系的职工人数和企业接受的劳务派遣用工人数。所称从业人数和资产总额指标，应按企业全年的季度平均值确定。具体计算公式如下：

季度平均值 =（季初值 + 季末值）÷ 2

全年季度平均值 = 全年各季度平均值之和 ÷ 4

年度中间开业或者终止经营活动的，以其实际经营期作为一个纳税年度确定上述相关指标。

三、本公告执行期限为 2022 年 1 月 1 日至 2024 年 12 月 31 日。

特此公告。

财政部　税务总局

2022 年 3 月 14 日

财政部　税务总局关于中小微企业设备器具所得税税前扣除有关政策的公告

（财政部　税务总局公告 2022 年第 12 号）

为促进中小微企业设备更新和技术升级，持续激发市场主体创新活力，现就有关企业所得税税前扣除政策公告如下：

一、中小微企业在 2022 年 1 月 1 日至 2022 年 12 月 31 日期间新购置的设备、器具，单位价值在 500 万元以上的，按照单位价值的一定比例自愿选择在企业所得税税前扣除。其中，企业所得税法实施条例规定最低折旧年限为 3 年的设备器具，单位价值的 100% 可在当年一次性税前扣除；最低折旧年限为 4 年、5 年、10 年的，单位价值的 50% 可在当年一次性税前扣除，其余 50% 按规定在剩余年度计算折旧进行税前扣除。

企业选择适用上述政策当年不足扣除形成的亏损，可在以后 5 个纳税年度结转弥补，享受其他延长亏损结转年限政策的企业可按现行规定执行。

二、本公告所称中小微企业是指从事国家非限制和禁止行业，且符合以下条件的企业：

（一）信息传输业、建筑业、租赁和商务服务业：从业人员 2000 人以下，或营业收入 10 亿元以下或资产总额 12 亿元以下；

（二）房地产开发经营：营业收入 20 亿元以下或资产总额 1 亿元以下；

（三）其他行业：从业人员 1000 人以下或营业收入 4 亿元以下。

三、本公告所称设备、器具，是指除房屋、建筑物以外的固定资产；所称从业人数，包括与企业建立劳动关系的职工人数和企业接受的劳务派遣用工人数。

从业人数和资产总额指标，应按企业全年的季度平均值确定。具体计算公式如下：

季度平均值＝（季初值＋季末值）÷2

全年季度平均值＝全年各季度平均值之和÷4

年度中间开业或者终止经营活动的，以其实际经营期作为一个纳税年度确定上述相关指标。

四、中小微企业可按季（月）在预缴申报时享受上述政策。本公告发布前企业在 2022 年已购置的设备、器具，可在本公告发布后的预缴申报、年度汇算清缴时享受。

五、中小微企业可根据自身生产经营核算需要自行选择享受上述政策，当年度未选择享受的，以后年度不得再变更享受。

财政部　税务总局

2022 年 3 月 2 日

财政部 税务总局关于促进服务业领域困难行业纾困发展有关增值税政策的公告

（财政部 税务总局公告 2022 年第 11 号）

为促进服务业领域困难行业纾困发展，现将有关增值税政策公告如下：

一、《财政部 税务总局 海关总署关于深化增值税改革有关政策的公告》（财政部 税务总局 海关总署公告 2019 年 39 号）第七条和《财政部 税务总局关于明确生活性服务业增值税加计抵减政策的公告》（财政部 税务总局公告 2019 年第 87 号）规定的生产、生活性服务业增值税加计抵减政策，执行期限延长至 2022 年 12 月 31 日。

二、自 2022 年 1 月 1 日至 2022 年 12 月 31 日，航空和铁路运输企业分支机构暂停预缴增值税。2022 年 2 月纳税申报期至文件发布之日已预缴的增值税予以退还。

三、自 2022 年 1 月 1 日至 2022 年 12 月 31 日，对纳税人提供公共交通运输服务取得的收入，免征增值税。公共交通运输服务的具体范围，按照《营业税改征增值税试点有关事项的规定》（财税〔2016〕36 号印发）执行。在本公告发布之前已征收入库的按上述规定应予免征的增值税税款，可抵减纳税人以后月份应缴纳的增值税税款或者办理税款退库。已向购买方开具增值税专用发票的，应将专用发票追回后方可办理免税。

特此公告。

财政部　税务总局

2022 年 3 月 3 日

财政部 税务总局关于进一步实施
小微企业"六税两费"减免政策的公告

（财政部 税务总局公告 2022 年第 10 号）

为进一步支持小微企业发展，现将有关税费政策公告如下：

一、由省、自治区、直辖市人民政府根据本地区实际情况，以及宏观调控需要确定，对增值税小规模纳税人、小型微利企业和个体工商户可以在 50% 的税额幅度内减征资源税、城市维护建设税、房产税、城镇土地使用税、印花税（不含证券交易印花税）、耕地占用税和教育费附加、地方教育附加。

二、增值税小规模纳税人、小型微利企业和个体工商户已依法享受资源税、城市维护建设税、房产税、城镇土地使用税、印花税、耕地占用税、教育费附加、地方教育附加其他优惠政策的，可叠加享受本公告第一条规定的优惠政策。

三、本公告所称小型微利企业，是指从事国家非限制和禁止行业，且同时符合年度应纳税所得额不超过 300 万元、从业人数不超过 300 人、资产总额不超过 5000 万元等三个条件的企业。

从业人数，包括与企业建立劳动关系的职工人数和企业接受的劳务派遣用工人数。所称从业人数和资产总额指标，应按企业全年的季度平均值确定。具体计算公式如下：

季度平均值 =（季初值 + 季末值）÷ 2

全年季度平均值 = 全年各季度平均值之和 ÷ 4

年度中间开业或者终止经营活动的，以其实际经营期作为一个纳税年度确定上述相关指标。

小型微利企业的判定以企业所得税年度汇算清缴结果为准。登记为增值税一般纳税人的新设立的企业，从事国家非限制和禁止行业，且同时符合申报期上月末从业人数不超过 300 人、资产总额不超过 5000 万元等两个条件的，可在首次办理汇算清缴前按照小型微利企业申报享受第一条规定的优惠政策。

四、本公告执行期限为 2022 年 1 月 1 日至 2024 年 12 月 31 日。

特此公告。

财政部　税务总局

2022 年 3 月 1 日

财政部 税务总局关于延长
部分税收优惠政策执行期限的公告

(财政部 税务总局公告 2022 年第 4 号)

为帮助企业纾困解难，促进创业创新，现将有关税收政策公告如下：

一、《财政部 税务总局 科技部 教育部关于科技企业孵化器 大学科技园和众创空间税收政策的通知》（财税〔2018〕120 号）、《财政部 税务总局关于继续对城市公交站场 道路客运站场 城市轨道交通系统减免城镇土地使用税优惠政策的通知》（财税〔2019〕11 号）、《财政部 税务总局关于继续实行农产品批发市场 农贸市场房产税 城镇土地使用税优惠政策的通知》（财税〔2019〕12 号）、《财政部 税务总局关于高校学生公寓房产税 印花税政策的通知》（财税〔2019〕14 号）、《财政部 税务总局 退役军人部关于进一步扶持自主就业退役士兵创业就业有关税收政策的通知》（财税〔2019〕21 号）、《财政部 税务总局 国家发展改革委 生态环境部关于从事污染防治的第三方企业所得税政策问题的公告》（财政部 税务总局 国家发展改革委 生态环境部公告 2019 年第 60 号）、《财政部 税务总局关于支持新型冠状病毒感染的肺炎疫情防控有关个人所得税政策的公告》（财政部税务总局公告 2020 年第 10 号）中规定的税收优惠政策，执行期限延长至 2023 年 12 月 31 日。

二、本公告发布之日前，已征的相关税款，可抵减纳税人以后月份应缴纳税款或予以退还。

特此公告。

财政部　税务总局

2022 年 1 月 29 日

国家发展改革委　财政部　人力资源社会保障部　住房城乡建设部　交通运输部　商务部　文化和旅游部　卫生健康委　人民银行　国务院国资委　税务总局　市场监管总局　银保监会　民航局关于印发《关于促进服务业领域困难行业恢复发展的若干政策》的通知

（发改财金〔2022〕271 号）

各省、自治区、直辖市人民政府，新疆生产建设兵团，国务院各部门、各直属机构：

《关于促进服务业领域困难行业恢复发展的若干政策》已经国务院同意，现印发给你们，请认真组织实施。

附件：关于促进服务业领域困难行业恢复发展的若干政策

国家发展改革委　财政部
人力资源社会保障部　住房城乡建设部
交通运输部　商务部
文化和旅游部　卫生健康委
人民银行　国务院国资委
税务总局　市场监管总局
银保监会　民航局
2022 年 2 月 18 日

附件:

关于促进服务业领域困难行业
恢复发展的若干政策

按照党中央、国务院决策部署,为帮助服务业领域困难行业渡过难关、恢复发展,在落实好已经出台政策措施的基础上,经国务院同意,现提出以下助企纾困扶持政策措施。

一、服务业普惠性纾困扶持措施

1. 延续服务业增值税加计抵减政策,2022 年对生产、生活性服务业纳税人当期可抵扣进项税额继续分别按 10% 和 15% 加计抵减应纳税额。

2. 2022 年扩大"六税两费"适用范围,将省级人民政府在 50% 税额幅度内减征资源税、城市维护建设税、房产税、城镇土地使用税、印花税(不含证券交易印花税)、耕地占用税和教育费附加、地方教育附加等"六税两费"的适用主体,由增值税小规模纳税人扩展至小型微利企业和个体工商户。符合条件的服务业市场主体可以享受。

3. 鼓励各地可根据条例授权和本地实际,2022 年对缴纳房产税、城镇土地使用税确有困难的纳税人给予减免。符合条件的服务业市场主体可以享受。

4. 2022 年加大中小微企业设备器具税前扣除力度。中小微企业 2022 年度内新购置的单位价值 500 万元以上的设备器具，折旧年限为 3 年的可选择一次性税前扣除，折旧年限为 4 年、5 年、10 年的可减半扣除。企业可按季度享受优惠，当年不足扣除形成的亏损，可在以后 5 个纳税年度结转扣除。符合条件的服务业市场主体可以享受。

5. 2022 年延续实施阶段性降低失业保险、工伤保险费率政策。对不裁员、少裁员的企业继续实施普惠性失业保险稳岗返还政策，在 2022 年度将中小微企业返还比例从 60% 最高提至 90%。符合条件的服务业市场主体可以享受。

6. 2022 年被列为疫情中高风险地区所在的县级行政区域内的服务业小微企业和个体工商户承租国有房屋，2022 年减免 6 个月租金，其他地区减免 3 个月租金。各地可统筹各类资金，对承租非国有房屋的服务业小微企业和个体工商户给予适当帮扶。鼓励非国有房屋租赁主体在平等协商的基础上合理分担疫情带来的损失。对减免租金的房屋业主，2022 年缴纳房产税、城镇土地使用税确有困难的，鼓励各地可根据条例授权和地方实际给予减免。因减免租金影响国有企事业单位业绩的，在考核中根据实际情况予以认可。

7. 2022 年引导银行用好 2021 年两次降低存款准备金率释放的 2.2 万亿元资金，发挥好货币政策工具的总量和结构双重功能，优先支持困难行业特别是服务业小微企业和民营企业。

8. 2022 年发挥好支持普惠小微的市场化工具引导作用，对地方法人银行普惠小微贷款余额增量的 1% 提供激励资金，用好 4000 亿元再贷款滚动额度，引导金融机构加大对困难行业特别是服务业领域的倾斜力度。鼓励金融机构对符合续贷条件的服务业市场主体按正常续贷业务办理，不得盲目惜贷、抽贷、断贷、压贷，保持合理流动性。

9. 2022 年继续推动金融系统减费让利，落实好贷款市场报价利率（LPR）下行、支农支小再贷款利率下调，推动实际贷款利率在前期大幅降低基础上继续下行，督促指导降低银行账户服务收费、人民币转账汇款手续费、银行卡刷卡手续费，减轻服务业小微企业和个体工商户经营成本压力。

10. 采取切实有效措施制止乱收费、乱摊派、乱罚款行为，研究实施专项整治行动方案，完善整治涉企乱收费协同治理和联合惩戒机制，防止对服务业的各项助企纾困政策效果被"三乱"抵消。鼓励服务业行业采取多种手段开展促销活动。

二、餐饮业纾困扶持措施

11. 鼓励有条件的地方对餐饮企业免费开展员工定期核酸检测，对企业防疫、消杀支出给予补贴支持。2022 年原则上应给予餐饮企业员工定期核酸检测不低于 50% 比例的补贴支持。

12. 引导外卖等互联网平台企业进一步下调餐饮业商户服务费标准，降低相关餐饮企业经营成本。引导互联网平台企业对疫情中高风险地区所在的县级行政区域内的餐饮企业，给予阶段性商户服务费优惠。

13. 允许失业保险、工伤保险基金结余较多的省份对餐饮企业阶段性实施缓缴失业保险、工伤保险费政策，具体办法由省级人民政府确定。符合条件的餐饮企业提出申请，经参保地人民政府批准可以缓缴，期限不超过一年，缓缴期间免收滞纳金。

14. 引导金融机构加强与餐饮行业主管部门信息共享，运用中小微企业和个体工商户的交易流水、经营用房租赁以及有关部门掌握的信用信息等数据，提升风险定价能力，更多发放信用贷款。鼓励符合条件的餐饮企业发行公司信用类债券，拓宽餐饮企业多元化融资渠道。

15. 鼓励政府性融资担保机构为符合条件的餐饮业中小微企业提供融资增信支持，依法依约及时履行代偿责任，积极帮助受疫情影响企业续保续贷。支持有条件的地方向政府性融资担保机构注资、提供融资担保费用补贴。

16. 鼓励保险机构优化产品和服务，扩大因疫情导致餐饮企业营业中断损失保险的覆盖面，提升理赔效率，提高对餐饮企业的保障程度。鼓励有条件的地方给予保费补贴。

17. 鼓励餐饮企业为老年人提供助餐服务，地方结合实际因地制宜对老年人助餐服务给予适当支持。不得强制餐饮企业给予配套优惠措施。

三、零售业纾困扶持措施

18. 鼓励有条件的地方对零售企业免费开展员工定期核酸检测，对企业防疫、消杀支出给予补贴支持。2022 年原则上应给予零售企业员工定期核酸检测不低于 50% 比例的补贴支持。

19. 中央财政通过服务业发展资金，支持开展县域商业体系建设。加强政策支持，发挥市场机制作用，推动"一个上行（农产品上行）"和"三个下沉（供应链下沉、物流配送下沉、商品和服务下沉）"。

20. 中央财政继续通过服务业发展资金，支持 10 个省（自治区、直辖市）进一步加强农产品供应链体系建设，完善农产品流通骨干网络等。

21. 允许失业保险、工伤保险基金结余较多的省份对零售企业阶段性实施缓缴失业保险、工伤保险费政策，具体办法由省级人民政府确定。符合条件的零售企业提出申请，经参保地人民政府批准可以缓缴，期限不超过一年，缓缴期间免收滞纳金。

22. 对于各地商务主管部门推荐的应急保供、重点培育、便民生活圈建设等名单企业，鼓励银行业金融机构加大信贷支持，适当降低贷款利率，鼓励有条件的地方给予贷款贴息。引导金融机构加强与零售行业主管部门信息共享，运用中小微企业和个体工商户的交易流水、经营用房租赁以及有关部门掌握的信用信息等数据，提升风险定价能力，更多发放信用贷款。鼓励符合条件的零售企业发行公司信用类债券，拓宽零售企业多元化融资渠道。

23. 鼓励政府性融资担保机构为符合条件的零售业中小微企业提供融资增信支持，依法依约及时履行代偿责任，积极帮助受疫情影响企业续保续贷。支持有条件的地方向政府性融资担保机构注资、提供融资担保费用补贴。

四、旅游业纾困扶持措施

24. 2022 年继续实施旅行社暂退旅游服务质量保证金扶持政策，对符合条件的旅行社维持 80% 的暂退比例，鼓励有条件的地方进一步提高暂退比例。同时，加快推进保险代替保证金试点工作，扩大保险代替保证金试点范围。

25. 允许失业保险、工伤保险基金结余较多的省份对旅游企业阶段性实施缓缴失业保险、工伤保险费政策，具体办法由省级人民政府确定。符合条件的旅游企业提出申请，经参保地人民政府批准可以缓缴，期限不超过一年，缓缴期间免收滞纳金。

26. 加强银企合作，建立健全重点旅游企业项目融资需求库，引导金融机构对符合条件的、预期发展前景较好的 A 级旅游景区、旅游度假区、乡村旅游经营单位、星级酒店、旅行社等重点文化和旅游市场主体加大信贷投入，适当提高贷款额度。

27. 政府采购住宿、会议、餐饮等服务项目时，严格执行经费支出额度规定，不得以星级、所有制等为门槛限制相关企业参与政府采购。

28. 鼓励机关企事业单位将符合规定举办的工会活动、会展活动等的方案制定、组织协调等交由旅行社承接，明确服务内容、服务标准等细化要求，加强资金使用管理，合理确定预付款比例，并按照合同约定及时向旅行社支付资金。

29. 鼓励银行业金融机构合理增加旅游业有效信贷供给。建立重点企业融资风险防控机制。引导金融机构合理降低新发放贷款利率，对受疫情影响生产经营困难的旅游企业主动让利。鼓励符合条件的旅游企业发行公司信用类债券，拓宽旅游企业多元化融资渠道。

30. 对符合条件的、预期发展良好的旅行社、旅游演艺等领域中小微企业加大普惠金融支持力度。发挥文化和旅游金融服务中心的积极作用，建立中小微旅游企业融资需求库。鼓励银行业金融机构对旅游相关初创企业、中小微企业和主题民宿等个体工商户分类予以小额贷款支持。

五、公路水路铁路运输业纾困扶持措施

31. 2022 年暂停铁路运输企业预缴增值税一年。

32. 2022 年免征轮客渡、公交客运、地铁、城市轻轨、出租车、长途客运、班车等公共交通运输服务增值税。

33. 2022 年中央财政对符合要求的新能源公交车，继续按照既定标准给予购置补贴，且退坡幅度低于非公共领域购置车辆。

34. 2022 年中央财政进一步加大车辆购置税收入补助地方资金力度，支持公路、水运和综合货运枢纽、集疏运体系建设等。

35. 鼓励有条件的地方根据实际需要统筹安排资金，用于存在困难的新能源出租车、城市公交运营等支出。

36. 加强信息共享，发挥动态监控数据作用，引导金融机构创新符合道路水路运输企业特点的动产质押类贷款产品，盘活车辆、船舶等资产。鼓励金融机构按市场化原则对信用等级较高、承担疫情防控和应急运输任务较重的交通运输企业加大

融资支持力度，相关主管部门提供企业清单供金融机构参考。鼓励符合条件的交通运输企业发行公司信用类债券，拓宽交通运输企业多元化融资渠道。

六、民航业纾困扶持措施

37. 2022 年暂停航空运输企业预缴增值税一年。

38. 地方可根据实际需要，统筹中央对地方转移支付以及地方自有财力，支持航空公司和机场做好疫情防控。

39. 统筹资源加大对民航基础设施建设资金支持力度。中央财政继续通过民航发展基金对符合条件的航空航线、安全能力建设等予以补贴。继续通过民航发展基金等对符合条件的中小机场和直属机场运营、安全能力建设等予以补贴，对民航基础设施贷款予以贴息，对机场和空管等项目建设予以投资补助。鼓励地方财政对相关项目建设予以支持。

40. 研究协调推动中国航空油料集团有限公司与上游企业协商取消航空煤油价格中包含的海上运保费（2 美元/桶）、港口费（50 元/吨）等费用。

41. 鼓励银行业金融机构加大对枢纽机场的信贷支持力度。鼓励符合条件的航空公司发行公司信用类债券，拓宽航空公司多元化融资渠道。对受疫情影响严重的航空公司和民航机场注册发行债务融资工具建立绿色通道。

七、精准实施疫情防控措施

42. 认真落实严格、科学、精准的疫情防控措施，坚决防止和避免"放松防控"和"过度防控"两种倾向，有效恢复和保持服务业发展正常秩序。一是建立精准监测机制，运用大数据手段建立餐厅、商超、景点、机场、港口、冷链运输等服务业重点区域、重点行业从业人员库，落实重点人员和高风险岗位人员核酸检测频次，做到应检尽检。二是提升精准识别能力，确保疫情在服务业场所发生时全力以赴抓好流调"黄金24小时"。三是强化精准管控隔离，科学精准定位服务业重点、高危人群，对密切接触者和密接的密接进行集中隔离医学观察，对其他人员按照相关规定进行分类管理。四是推广精准防护理念，餐饮、零售、旅游、交通客运、民航等行业和相关服务场所工作人员做到疫苗应接尽接，建立工作人员每日健康监测登记制度，增强从业人员和公众疫情防控意识。

43. 严格落实国务院联防联控机制综合组防疫政策"五个不得"的要求，即不得禁止低风险地区人员返乡；不得随意扩大中高风险地区范围；不得随意将限制出行范围由中、高风险地区及所在区（县）扩大到所在地市；不得擅自对低风险地区人员采取集中隔离管控、劝返等措施；不得随意延长集中隔离观察期限。在此基础上，进一步对服务业行业提出精准防疫要求。一是不得突破疫情防控相应规定进行封城、封区，不得非必要、不报批中断公共交通。二是不得非经流调、无政策依据对餐厅、商超、景区景点、电影院及相关服务业场所等实施关停措施、延长关停时间。三是不得在国务院联防联控机制政策要求基础上擅自增加对服务业的疫情防控措施。确有必要采取封城封区、中断交通等措施或在现行基础上加强疫情防控力度的，须报经国务院联防联控机制同意后实施。各省级人民政府要统筹本地区疫情防控措施总体要求，针对服务业行业特点，建立疫情防控措施层层加码问题反映、核实、纠正专项工作机制。

八、保障措施

发展改革委要切实发挥牵头作用，加强统筹协调，做好形势分析，加大协调推动有关政策的出台、执行落实工作力度，强化储备政策研究；国务院各有关部门要各司其责、加强配合，加大政策宣传贯彻力度，抓紧出台具体政策实施办法，及时跟进解读已出台政策措施，及时协调解决政策落实过程中的难点、堵点问题，及时回应社会诉求和关切。

各地区要结合实际情况和服务业领域困难行业特点，把握好政策时度效，抓好政策宣传贯彻落实，及时跟踪研判相关困难行业企业恢复情况，出台有针对性的专项配套支持政策，确保政策有效传导至市场主体，支持企业纾困发展。

各有关行业协会要充分发挥联系企业的桥梁和纽带作用，指导帮助企业用足用好相关纾困扶持措施，加强调查研究，及时了解和反馈行业发展动态、难点问题、企业诉求和政策落实情况。

财政部关于提前下达第三批支持基层落实减税降费和重点民生等转移支付资金预算的通知

（财预〔2022〕79 号）

各省、自治区、直辖市、计划单列市财政厅（局），新疆生产建设兵团财政局：

经研究，中央财政提前下达第三批支持基层落实减税降费和重点民生等转移支付资金预算指标（资金额度、科目、项目代码详见附件），支持地方落实好留抵退税和其他减税降费政策，有效弥补政策性减收，缓解财政收支矛盾，促进县区财政平稳运行。上述资金列入 2023 年预算，库款于 2022 年先行单独调拨。资金实行国库单独拨付，省级财政部门结合退付计划等及时向市县调拨库款，充分保障退税资金需求，确保基层退税操作。

省级财政部门应按照相关资金管理办法要求，切实加强中央补助资金管理，确保退税减税降费政策落实到位，兜牢兜实"三保"底线。

该项补助纳入直达资金范围，标识为"01 中央直达资金"，该标识贯穿资金分配、拨付、使用等整个环节，且保持不变。本次下达的资金应在直达资金监控系统 2023 年台账中单独反映，与 2022 年预算指标区分开来。请在收到本通知后

7 日内，研究提出资金分配方案报送我部备案，备案内容包括资金分配原则、分配办法和分配结果等，并就支持落实退税减税政策、加强基层财力保障等情况作出说明。

在下达直达资金时，应单独下达预算指标文件，并保持中央财政直达资金标识不变，同时在指标管理系统中及时登录有关指标和直达资金标识，导入直达资金监控系统，确保数据真实、账目清晰、流向明确。将中央财政直达资金分解落实到基层财政部门时，对于资金来源既包含中央财政直达资金又包含其他资金的，应在预算指标文件、指标管理系统中按资金明细来源分别列示，在指标系统中分别登录，并将中央财政直达资金部分导入直达资金监控系统。

附件：支持基层落实减税降费和重点民生等转移支付预算分配表（第三批）

财政部

2022 年 5 月 25 日

附件：

支持基层落实减税降费和重点民生等
转移支付预算分配表（第三批）

单位：亿元

地区	专项资金合计	新出台留抵退税政策专项资金	其他退税减税降费专项资金	其中：按原有政策实施的制度性留抵退税补助
项目代码		Z225110010006	Z225110010007	Z225110010007
政府收支分类科目		1100296 增值税留抵退税转移支付收入	1100297 其他退税减税降费转移支付收入	1100297 其他退税减税降费转移支付收入
地方合计	4000.00	3157.85	842.15	600.15
北京市	204.21	163.03	41.18	32.57
天津市	80.29	64.73	15.56	12.02
河北省	160.88	133.32	27.56	18.17
山西省	103.58	89.60	13.98	8.09
内蒙古自治区	112.94	100.64	12.30	8.25
辽宁地区	101.78	90.32	11.46	6.44
大连市	37.99	33.61	4.38	3.26
吉林省	57.75	48.69	9.06	6.52
黑龙江省	54.85	47.07	7.78	4.97
上海市	174.88	135.06	39.82	29.72
江苏省	400.13	309.86	90.27	66.38
浙江地区	206.13	124.73	81.40	65.51

续表

地区	专项资金合计	新出台留抵退税政策专项资金	其他退税减税降费专项资金	其中：按原有政策实施的制度性留抵退税补助
宁波市	56.85	40.33	16.52	13.33
安徽省	122.30	91.11	31.19	21.89
福建地区	118.40	90.45	27.95	19.45
厦门市	24.19	17.58	6.61	5.08
江西省	78.65	59.85	18.80	12.03
山东地区	210.01	152.43	57.58	42.24
青岛市	54.22	44.20	10.02	7.92
河南省	199.74	171.97	27.77	15.71
湖北省	187.45	146.48	40.97	31.59
湖南省	90.13	74.18	15.95	8.06
广东地区	241.03	187.96	53.07	31.72
深圳市	85.96	60.53	25.43	20.21
广西壮族自治区	73.33	58.31	15.02	10.28
海南省	18.78	12.05	6.73	5.19
重庆市	79.86	58.55	21.31	15.28
四川省	179.81	140.14	39.67	29.04
贵州省	73.16	62.20	10.96	7.00
云南省	69.00	58.46	10.54	5.31
西藏自治区	16.21	14.24	1.97	1.50
陕西省	102.02	78.03	23.99	17.18
甘肃省	48.65	43.31	5.34	3.15
青海省	43.64	40.02	3.62	2.87
宁夏回族自治区	41.99	37.54	4.45	3.47
新疆维吾尔自治区	82.34	71.32	11.02	8.08
新疆生产建设兵团	6.87	5.95	0.92	0.67

财政部关于下达第二批支持基层落实减税降费和重点民生等转移支付资金预算的通知

（财预〔2022〕64 号）

各省、自治区、直辖市、计划单列市财政厅（局），新疆生产建设兵团财政局：

经研究，中央财政下达第二批支持基层落实减税降费和重点民生等转移支付资金预算指标（资金额度、科目、项目代码详见附件），支持地方落实好其他减税降费政策，有效弥补政策性减收，缓解财政收支矛盾，促进县区财政平稳运行。

省级财政部门应按照相关资金管理办法要求，切实加强中央补助资金管理，确保退税减税政策落实到位，兜牢兜实"三保"底线。

该项补助纳入直达资金范围，标识为"01 中央直达资金"，该标识贯穿资金分配、拨付、使用等整个环节，且保持不变。请在收到本通知后 7 日内，研究提出资金分配方案报送我部备案，在报送的备案文件中，除反映资金分配结果外，还应反映分配原则、分配办法、资金投向、预期效果等。

在下达直达资金时，应单独下达预算指标文件，并保持中央财政直达资金标识不变，同时在指标管理系统中及时登录有关指标和直达资金标识，导入直达资金监控系统，确保数据真实、账目清晰、流向明确。将中央财政直达资金分解落实到基层财政部门时，对于资金来源既包含中央财政直达资金又包含其他资金的，应在预算指标文件、指标管理系统中按资金明细来源分别列示，在指标系统中分别登录，并将中央财政直达资金部分导入直达资金监控系统。

　　附件：支持基层落实减税降费和重点民生等转移支付预算
　　　　　分配表（第二批）

财政部

2022 年 4 月 14 日

附件：

支持基层落实减税降费和重点民生等
转移支付预算分配表（第二批）

单位：亿元

地区	专项资金合计	其他退税减税降费专项资金	补充县区财力专项资金
项目代码		Z225110010007	Z225110010008
2022年政府收支分类科目		1100297 其他退税减税降费转移支付收入	1100298 补充县区财力转移支付收入
地方合计	4000.00	1200.00	2800.00
北京市	34.84	34.84	0.00
天津市	16.10	16.10	0.00
河北省	212.54	48.62	163.92
山西省	113.59	28.31	85.28
内蒙古自治区	96.37	18.99	77.38
辽宁地区（不含大连市）	87.80	25.61	62.19
大连市	10.75	5.07	5.68
吉林省	75.77	12.69	63.08
黑龙江省	107.75	14.31	93.44
上海市	38.83	38.83	0.00
江苏省	212.27	119.51	92.76
浙江地区（不含宁波市）	123.49	79.30	44.19
宁波市	20.15	14.46	5.69
安徽省	160.85	48.22	112.63

续表

地区	专项资金合计	其他退税减税降费专项资金	补充县区财力专项资金
福建地区（不含厦门市）	103.67	46.70	56.97
厦门市	8.34	7.20	1.14
江西省	142.77	34.13	108.64
山东地区（不含青岛市）	208.48	80.91	127.57
青岛市	15.91	9.67	6.24
河南省	293.27	64.68	228.59
湖北省	177.90	48.91	128.99
湖南省	216.84	41.53	175.31
广东地区（不含深圳市）	230.13	107.47	122.66
深圳市	19.94	19.94	0.00
广西壮族自治区	149.20	24.74	124.46
海南省	30.34	7.10	23.24
重庆市	43.57	31.02	12.55
四川省	235.11	53.58	181.53
贵州省	140.55	19.95	120.60
云南省	164.40	26.95	137.45
西藏自治区	34.92	2.19	32.73
陕西省	134.10	33.63	100.47
甘肃省	123.98	10.83	113.15
青海省	41.79	3.68	38.11
宁夏回族自治区	34.39	4.88	29.51
新疆维吾尔自治区	128.03	14.26	113.77
新疆生产建设兵团	11.27	1.19	10.08

注：本次下达的其他退税减税降费专项资金为《其他退税减税降费专项资金管理办法》（财预〔2022〕35 号）中的"其他减税降费减收补助"。

财政部关于下达 2022 年支持小微企业留抵退税有关专项资金预算的通知

（财预〔2022〕34 号）

各省、自治区、直辖市、计划单列市财政厅（局），新疆生产建设兵团财政局：

为支持地方落实好退税减税政策，中央财政安排专项资金用于弥补地方政策性减收，缓解财政收支矛盾，促进县区财政平稳运行。现下达 2022 年支持小微企业留抵退税有关专项资金预算指标（资金额度、科目、项目代码详见附件），用于支持小微企业留抵退税。具体包括新出台小微企业留抵退税和原有政策实施的小微企业制度性留抵退税。年终根据地方实际留抵退税需要进行清算。其他新出台留抵退税政策专项资金和其他退税减税降费专项资金另行下达。

该项补助纳入直达资金范围，省市县均可留用，标识为"01 中央直达资金"，该标识贯穿资金分配、拨付、使用等整个环节，且保持不变。请在收到本通知后 7 日内，研究提出资金分配方案报送我部备案，在报送的备案文件中，除反映资金分配结果外，还应反映分配原则、分配办法、资金投向、预期效果等。

在下达直达资金时，应单独下达预算指标文件，并保持中央财政直达资金标识不变，同时在指标管理系统中及时登录有关指标和直达资金标识，导入直达资金监控系统，确保数据真实、账目清晰、流向明确。将中央财政直达资金分解落实到基层财政部门时，对于资金来源既包含中央财政直达资金又包含其他资金的，应在预算指标文件、指标管理系统中按资金明细来源分别列示，在指标系统中分别登录，并将中央财政直达资金部分导入直达资金监控系统。

附件：2022 年支持小微企业留抵退税有关专项资金预算
　　　分配表

财政部

2022 年 3 月 21 日

附件：

2022 年支持小微企业留抵退税有关专项资金
预算分配表

单位：亿元

地区	专项资金合计	支持小微企业落实新出台留抵退税政策的专项资金	支持小微企业按原有政策实施的制度性留抵退税的专项资金
项目代码		Z225110010006	Z225110010007
2022 年政府收支分类科目		1100296 增值税留抵退税转移支付收入	1100297 其他退税减税降费转移支付收入
地方合计	4000.00	3042.15	957.85
北京市	225.50	185.29	40.21
天津市	79.27	64.97	14.30
河北省	119.52	94.06	25.46
山西省	111.38	85.34	29.04
内蒙古自治区	66.54	50.90	15.64
辽宁地区（不含大连市）	56.41	49.71	6.70
大连市	24.14	21.01	3.13
吉林省	43.42	37.61	5.81
黑龙江省	41.86	36.50	5.36
上海市	225.22	183.67	41.55
江苏省	378.71	284.00	94.71

续表

地区	专项资金合计	支持小微企业落实新出台留抵退税政策的专项资金	支持小微企业按原有政策实施的制度性留抵退税的专项资金
浙江地区（不含宁波市）	254.10	162.52	91.58
宁波市	55.78	36.12	19.66
安徽省	129.24	85.01	44.23
福建地区（不含厦门市）	67.94	49.18	18.76
厦门市	19.30	14.83	4.47
江西省	54.57	46.08	8.49
山东地区（不含青岛市）	224.96	154.82	70.14
青岛市	69.30	56.79	12.51
河南省	141.88	125.35	16.53
湖北省	105.63	75.25	30.38
湖南省	93.89	74.68	19.21
广东地区（不含深圳市）	279.66	202.37	77.29
深圳市	85.18	65.97	19.21
广西壮族自治区	79.65	55.97	23.68
海南省	38.94	28.22	10.72
重庆市	77.43	47.50	29.93
四川省	246.78	175.30	71.48
贵州省	107.25	90.27	16.98
云南省	186.92	173.96	12.96
西藏自治区	6.34	4.11	2.23
陕西省	130.02	90.71	39.31
甘肃省	39.21	33.40	5.81

续表

地区	专项资金合计	支持小微企业落实新出台留抵退税政策的专项资金	支持小微企业按原有政策实施的制度性留抵退税的专项资金
青海省	19.30	14.83	4.47
宁夏回族自治区	25.22	18.52	6.70
新疆维吾尔自治区	82.65	64.92	17.73
新疆生产建设兵团	6.89	5.41	1.48

财政部关于发挥财政政策引导作用
支持金融助力市场主体纾困发展的通知

（财金〔2022〕60 号）

各省、自治区、直辖市、计划单列市财政厅（局），新疆生产建设兵团财政局：

为贯彻中央经济工作会议精神，落实《政府工作报告》工作部署，发挥财政政策引导作用，撬动金融资源更好支持市场主体纾困发展，现就有关事项通知如下：

一、发挥政府性融资担保机构增信作用。地方各级政府性融资担保机构对符合条件的交通运输、餐饮、住宿、旅游等行业的中小微企业和个体工商户提供融资担保支持，及时履行代偿义务，推动金融机构尽快放贷，不抽贷、不压贷、不断贷。2022 年，将上述符合条件的融资担保业务纳入国家融资担保基金再担保合作范围。有条件的地方要加大对政府性融资担保机构的资本金补充、担保费补贴等支持力度。

二、加大创业担保贷款贴息力度。县级以上地方财政部门要会同有关方面加大创业担保贷款贴息政策宣传和实施力度，重点加大对受疫情影响较大的交通运输、餐饮、住宿、旅游等行业小微企业和个体工商户的支持，助力援企稳岗。有条件的地方要加快推广创业担保贷款线上业务模式，简化业务审批流程，提高贷款便利度。县级以上地方财政部门应按规定及时补充创业担保贷款担保基金，或由政府性融资担保机构为符合条件的创业个人和小微企业提供担保增信，支持创业担保贷款扩面增量。

三、落实中央财政支持普惠金融发展示范区奖补政策。各省级财政部门要认真组织落实《财政部 人民银行 银保监会关于实施中央财政支持普惠金融发展示范区奖补政策的通知》（财金〔2021〕96号），指导示范区所在地财政部门抓紧制定奖补资金分配、使用和管理办法，落实落细示范区建设方案，加强部门协同和政策联动，切实引导普惠金融服务增量、扩面、降本、增效。

四、提高农业保险风险保障水平。相关省级财政部门要会同有关方面严格落实《财政部 农业农村部 银保监会关于扩大三大粮食作物完全成本保险和种植收入保险实施范围的通知》（财金〔2021〕49号）有关要求，精心组织，周密部署，逐月调度，强化预算保障，确保年内实现粮食主产省份产粮大县稻谷、玉米、小麦完全成本保险和种植收入保险全覆盖，稳定种粮农户收益，服务保障主粮安全。广西壮族自治区财政厅要会同有关方面有序开展糖料蔗完全成本保险和种植收入保险工作，进一步完善保险方案，优化赔付机制，加强承保理赔管理，提高农户种蔗积极性。黑龙江省财政厅、内蒙古自治区财政厅要会同有关方面扎实开展大豆完全成本保险和种植收入保险试点工作，结合当地农业保险工作实际尽快确定试点县，指导试点县做好承保机构遴选、保险条款设置、保费补贴审核、绩效评价等工作，助力提升我国大豆油料自给率。

五、推广地方优势特色农产品保险。各省级财政部门要指导县级以上地方财政部门因地制宜、稳步开展地方优势特色农产品保险，结合本地实际和财政承受能力确定品种数量、保险金额、保险费率及保费补贴比例，支持地方优势特色农业产业发展。对符合条件的地方优势特色农产品保险，中央财政根据地方优势特色农产品保险保费规模及综合绩效评价结果给予奖补支持。

六、强化保险、担保、信贷政策协同。各省级财政部门要积极与中国农业再保险股份有限公司、国家融资担保基金有限责任公司、相关商业银行对接"财金—聚农贷"业务。对于业务开展成效较好的省（区、市，含兵团），中央财政在农业保险保费补贴综合绩效评价和中央财政支持普惠金融发展示范区绩效考核中给予适当加分。

财政部

2022 年 5 月 16 日

财政部办公厅关于下达国家融资担保基金 2022 年度再担保合作业务规模任务的通知

（财办金〔2022〕43 号）

国家融资担保基金有限责任公司：

为贯彻落实国务院第 174 次常务会议要求，发挥好政府性融资担保增信分险作用，支持小微企业纾困发展，现就你公司 2022 年度再担保合作业务任务规模通知如下：

一、你公司 2022 年度新增再担保合作业务规模 1 万亿元以上。你公司要及时分解下达授信计划，并根据各地业务开展情况动态调整，确保完成全年目标任务。

二、你公司要切实发挥体系引领作用，引导地方各级政府性融资担保、再担保机构扩面、增量，聚焦支小支农主业，加大对符合条件的交通运输、餐饮、住宿、旅游等困难行业中小微企业和个体工商户的融资担保支持。你公司 2022 年新增小微企业和"三农"再担保金额占比不低于 90%，新增单户或单笔 500 万元以下小微企业和"三农"再担保金额占比不低于 60%。

三、你公司要坚持依法合规、风险可控，落实风险分担与风险隔离机制，并协同地方各级政府性融资担保、再担保机构加大风险防控力度，实现可持续经营。

四、你公司要及时跟踪地方各级政府性融资担保、再担保机构业务开展情况，发掘各地好的经验做法，按月向财政部金融司报告业务进展和典型经验等情况，重大事项要及时报告。

财政部办公厅

2022 年 6 月 6 日

财政部关于下达 2022 年中小企业发展专项资金预算（小微企业融资担保降费奖补方向）的通知

（财建〔2022〕146 号）

各省、自治区、直辖市、计划单列市财政厅（局），新疆生产建设兵团财政局：

根据《中小企业发展专项资金管理办法》（财建〔2021〕148 号）、《财政部 工业和信息化部关于继续实施小微企业融资担保业务降费奖补政策的通知》（财建〔2021〕106 号）等相关文件规定，现下达各地 2022 年中小企业发展专项资金预算（小微企业融资担保降费奖补方向），具体额度见附件 1 和附件 2。支出列 2022 年政府收支分类科目：215 资源勘探工业信息等支出，项目名称：中小企业发展专项资金，项目代码：Z145110010027。

奖补资金使用要符合上述文件规定和预算管理的有关要求。各地要充分发挥奖补资金的激励作用，统筹支持促进融资担保机构（含再担保机构）扩大小微企业融资担保业务特别是单户贷款 1000 万元及以下的担保、首贷担保和中长期贷款担保业务规模，降低小微企业融资担保费率。同时，加大对交通运输、餐饮、住宿、旅游等特殊困难行业小微企业融资担保支持力度，帮助企业渡过难关。

请各地按规定及时下达有关资金，并会同本地中小企业主管部门等有关部门按职责分工加强资金监管。同时，结合本地实际情况，将绩效目标（附件3）及时向下分解，做好绩效运行监控，确保绩效目标如期实现。

附件：1. 2022 年小微企业融资担保业务降费奖补资金
　　　　 分配表

　　　 2. 2022 年小微企业融资担保业务降费奖补资金测
　　　　 算情况（分发各地）（略）

　　　 3. 中央对地方转移支付区域绩效目标表（分发
　　　　 各地）（略）

财政部

2022 年 5 月 27 日

附件 1：

2022 年小微企业融资担保业务降费奖补资金分配表

单位：万元

序号	省（区、市、计划单列市、 新疆生产建设兵团）	金额
	合计	300000
1	北京市	11783
2	天津市	473
3	河北省	6900
4	山西省	1120
5	内蒙古自治区	9493
6	辽宁省	661
7	大连市	94
8	吉林省	10153
9	黑龙江省	8040
10	上海市	15514
11	江苏省	17772
12	浙江省	16145
13	宁波市	7717
14	安徽省	22541
15	福建省	7288
16	厦门市	475
17	江西省	18912

序号	省（区、市、计划单列市、 新疆生产建设兵团）	金额
18	山东省	12467
19	青岛市	338
20	河南省	1301
21	湖北省	11760
22	湖南省	15228
23	广东省	11193
24	深圳市	7610
25	广西壮族自治区	15301
26	海南省	453
27	重庆市	7700
28	四川省	14237
29	贵州省	10865
30	云南省	7403
31	西藏自治区	270
32	陕西省	14213
33	甘肃省	6932
34	青海省	249
35	宁夏回族自治区	6697
36	新疆维吾尔自治区	671
37	新疆生产建设兵团	31

财政部关于进一步加大政府采购
支持中小企业力度的通知

（财库〔2022〕19 号）

各中央预算单位，各省、自治区、直辖市、计划单列市财政厅（局），新疆生产建设兵团财政局：

为贯彻落实《国务院关于印发扎实稳住经济一揽子政策措施的通知》（国发〔2022〕12 号）有关要求，做好财政政策支持中小企业纾困解难工作，助力经济平稳健康发展，现就政府采购加大中小企业支持力度有关事项通知如下：

一、严格落实支持中小企业政府采购政策。各地区、各部门要按照国务院的统一部署，认真落实《政府采购促进中小企业发展管理办法》（财库〔2020〕46 号）的规定，规范资格条件设置，降低中小企业参与门槛，灵活采取项目整体预留、合理预留采购包、要求大企业与中小企业组成联合体、要求大企业向中小企业分包等形式，确保中小企业合同份额。要通过提高预付款比例、引入信用担保、支持中小企业开展合同融资、免费提供电子采购文件等方式，为中小企业参与采购活动提供便利。要严格按规定及时支付采购资金，不得收取没有法律法规依据的保证金，有效减轻中小企业资金压力。

二、调整对小微企业的价格评审优惠幅度。货物服务采购项目给予小微企业的价格扣除优惠，由财库〔2020〕46 号文件规定的 6%－10% 提高至 10%－20%。大中型企业与小微企业组成联合体或者大中型企业向小微企业分包的，评审优惠幅度由 2%－3% 提高至 4%－6%。政府采购工程的价格评审优惠按照财库〔2020〕46 号文件的规定执行。自本通知执行之日起发布采购公告或者发出采购邀请的货物服务采购项目，按照本通知规定的评审优惠幅度执行。

三、提高政府采购工程面向中小企业预留份额。400 万元以下的工程采购项目适宜由中小企业提供的，采购人应当专门面向中小企业采购。超过 400 万元的工程采购项目中适宜由中小企业提供的，在坚持公开公正、公平竞争原则和统一质量标准的前提下，2022 年下半年面向中小企业的预留份额由 30% 以上阶段性提高至 40% 以上。发展改革委会同相关工程招投标行政监督部门完善工程招投标领域落实政府采购支持中小企业政策相关措施。省级财政部门要积极协调发展改革、工业和信息化、住房和城乡建设、交通、水利、商务、铁路、民航等部门调整完善工程招投标领域有关标准文本、评标制度等规定和做法，并于 2022 年 6 月 30 日前将落实情况汇总报财政部。

四、认真做好组织实施。各地区、各部门应当加强组织领导，明确工作责任，细化执行要求，强化监督检查，确保国务院部署落实到位，对通知执行中出现的问题要及时向财政部报告。

本通知自 2022 年 7 月 1 日起执行。

财政部

2022 年 5 月 30 日

人力资源社会保障部　国家发展改革委
财政部　税务总局关于扩大阶段性缓缴社会
保险费政策实施范围等问题的通知

（人社部发〔2022〕31号）

各省、自治区、直辖市人民政府，新疆生产建设兵团：

为贯彻落实党中央、国务院决策部署，着力保市场主体保就业保民生，在落实特困行业缓缴企业职工基本养老保险费、失业保险费、工伤保险费（以下称三项社保费）政策的基础上，经国务院同意，现就扩大政策实施范围、延长缓缴期限等问题通知如下：

一、扩大实施缓缴政策的困难行业范围。在对餐饮、零售、旅游、民航、公路水路铁路运输等5个特困行业实施阶段性缓缴三项社保费政策的基础上，以产业链供应链受疫情影响较大、生产经营困难的制造业企业为重点，进一步扩大实施范围（具体行业名单附后）。缓缴扩围行业所属困难企业，可申请缓缴三项社保费单位缴费部分，其中养老保险费缓缴实施期限到2022年年底，工伤、失业保险费缓缴期限不超过1年。原明确的5个特困行业缓缴养老保险费期限相应延长至2022年年底。缓缴期间免收滞纳金。

二、对受疫情影响较大、生产经营困难的中小微企业实施缓缴政策。受疫情影响严重地区生产经营出现暂时困难的所有中小微企业、以单位方式参保的个体工商户，可申请缓缴三项社保费单位缴费部分，缓缴实施期限到 2022 年底，期间免收滞纳金。参加企业职工基本养老保险的事业单位及社会团体、基金会、社会服务机构、律师事务所、会计师事务所等社会组织参照执行。

三、进一步发挥失业保险稳岗作用。加大稳岗返还支持力度，将大型企业稳岗返还比例由 30% 提至 50%。拓宽一次性留工培训补助受益范围，由出现中高风险疫情地区的中小微企业扩大至该地区的大型企业；各省（自治区、直辖市）还可根据当地受疫情影响程度以及基金结余情况，进一步拓展至未出现中高风险疫情地区的餐饮、零售、旅游、民航和公路水路铁路运输 5 个行业企业。上述两项政策实施条件和期限与《关于做好失业保险稳岗位提技能防失业工作的通知》（人社部发〔2022〕23 号）一致。企业招用毕业年度高校毕业生，签订劳动合同并参加失业保险的，可按每人不超过 1500 元的标准，发放一次性扩岗补助，具体补助标准由各省份确定，与一次性吸纳就业补贴政策不重复享受，实施期限截至 2022 年年底。

四、规范缓缴实施办法。申请缓缴的企业应符合受疫情影响生产经营出现暂时困难、处于亏损状态等条件。各省份要结合地方实际和基金承受能力，在确保养老金等各项社会保险待遇按时足额发放的基础上，制定具体实施办法，明确实施程序、缓缴期限、困难企业和受疫情影响严重地区认定标准、审批流程和工作机制等，可授权县（区）人力资源社会保障部门会同相关部门负责审批。各县（区）要严格把握适用范围和条件，不得擅自扩大范围、降低标准，批准缓缴的企业名单等情况按月报省级人力资源社会保障、税务部门。各省份具体实施办法出台后报人力资源社会保障部、国家发展改革委、财政部、税务总局备案。

五、简化企业申报流程。缓缴社会保险费坚持自愿原则，符合条件的困难企业，可根据自身情况申请缓缴一定期限的社会保险费。各级人力资源社会保障、税务部门要简化办事流程，大力推行"网上办"等不见面服务方式，简化程序，方便企业办理，减轻企业事务性负担。对生产经营困难、所属行业类型等适用条件，可实行告知承诺制，企业出具符合条件的书面承诺。要加强事后监督检查，对作出承诺但经查不符合条件的企业，要及时追缴缓缴的社会保险费，并按规定加收滞纳金。各省份要全面推行稳岗返还"免申即享"经办新模式，通过大数据比对，直接向符合条件的企业发放资金。

六、切实维护职工权益。申请缓缴社会保险费的企业，要依法履行代扣代缴职工个人缴费义务。不得因缓缴社会保险费，影响职工个人权益。缓缴期限内，职工申领养老保险待遇、办理关系转移等业务的，企业应为其补齐缓缴的养老保险费。缓缴的企业出现注销等情形的，应在注销前缴纳缓缴的费款。

各地区要高度重视、精心组织实施，精准把握政策实施范围，规范实施程序，健全审核机制，切实防范风险。要切实承担主体责任，加强社会保险基金收支情况监测，做好资金保障，确保各项社会保险待遇按时足额支付。各级人力资源社会保障、发展改革、财政、税务等部门要加强协作配合，完善信息沟通协调机制，切实落实缓缴政策的各项要求，确保政策落地见效。执行中遇到的情况和问题，要及时报告。

附件：扩大实施缓缴政策的困难行业名单

人力资源社会保障部 国家发展改革委

财政部 税务总局

2022 年 5 月 31 日

附件：

扩大实施缓缴政策的困难行业名单

农副食品加工业

纺织业

纺织服装、服饰业

造纸和纸制品业

印刷和记录媒介复制业

医药制造业

化学纤维制造业

橡胶和塑料制品业

通用设备制造业

汽车制造业

铁路、船舶、航空航天和其他运输设备制造业

仪器仪表制造业

社会工作

广播、电视、电影和录音制作业

文化艺术业

体育

娱乐业

国家医保局 国家发展改革委 财政部 国家税务总局关于阶段性缓缴职工基本医疗 保险单位缴费的通知

（医保发〔2022〕21 号）

各省、自治区、直辖市人民政府，新疆生产建设兵团：

为贯彻落实党中央、国务院决策部署，切实保障基本民生，助力企业纾困解难，经国务院同意，现就阶段性缓缴职工基本医疗保险（以下简称职工医保）单位缴费有关工作通知如下。

一、对中小微企业实施阶段性缓缴职工医保单位缴费政策。统筹基金累计结存可支付月数大于 6 个月的统筹地区，自 2022 年 7 月起，对中小微企业、以单位方式参保的个体工商户缓缴 3 个月职工医保单位缴费，缓缴期间免收滞纳金。社会团体、基金会、社会服务机构、律师事务所、会计师事务所等社会组织参照执行。

二、确保缓缴期间参保人待遇应享尽享。中小微企业缓缴职工医保单位缴费，不影响该企业参保人就医正常报销医疗费用。缓缴期间，相关企业参保人发生的符合基本医保政策规定的医疗费用应及时报销、应报尽报，确保基本医保报销水平保持稳定不降低。

三、全面推行"免申即享"经办模式。符合条件的中小微企业无须提出缓缴申请即可享受缓缴单位缴费政策。各地要结合实际做好政策宣传，明确操作流程，主动向社会公开。中小微企业具体标准参考《关于印发中小企业划型标准规定的通知》（工信部联企业〔2011〕300号）等划型规定，在当地政府主导下，由医疗保障、税务部门会同相关部门联合确定名单。现有数据可以确定企业类型的，直接采用相关部门的划型结论；现有数据无法满足企业划型需求的，可由企业向核定缴费部门出具书面承诺。要加强部门协作，优化工作环节，创新服务方式，减轻企业事务性负担，并做好个人权益记录，确保参保人权益不受影响。

四、切实保障好相关企业职工合法权益。缓缴期限内，中小微企业应依法履行代扣代缴职工个人缴费的义务，正常申报职工医保费信息，确保职工连续参保，个人权益连续记录。参保人出现离职、申请办理职工医保退休人员待遇、办理关系转移等情形的，企业应为其补齐缓缴的职工医保单位缴费。企业出现注销等情形的，应在注销前缴纳缓缴的缴费。

五、做好调度统计分析等工作，确保缓缴政策平稳实施。各地要加强缓缴信息调度，做好统计监测，将缓缴信息按月汇总并向上集中报送。要切实加强基金管理，强化基金运行分析，管控运行风险，确保基金安全。要建立信息沟通共享机制，医疗保障、税务等部门要做好企业和职工参保缴费、企业缓缴等基础业务信息共享，强化部门工作协同。

各地要提高政治站位，统一思想认识，精心组织实施，确保阶段性缓缴职工医保单位缴费政策落实到位。各级医疗保障、发展改革、财政、税务等部门要切实履职尽责，加强沟通协作，健全工作机制，抓好政策落地见效。执行中遇有情况和问题，要及时报告。

国家医保局　国家发展改革委

财政部　国家税务总局

2022 年 6 月 30 日

人力资源社会保障部　财政部　国家税务总局 关于做好失业保险稳岗位提技能 防失业工作的通知

（人社部发〔2022〕23 号）

各省、自治区、直辖市人民政府，新疆生产建设兵团：

为贯彻落实 2022 年《政府工作报告》部署，充分发挥失业保险保生活、防失业、促就业功能作用，助力稳就业保民生，经国务院同意，现就有关事项通知如下：

一、继续实施失业保险稳岗返还政策。参保企业上年度未裁员或裁员率不高于上年度全国城镇调查失业率控制目标，30人（含）以下的参保企业裁员率不高于参保职工总数 20% 的，可以申请失业保险稳岗返还。大型企业仍按不超过企业及其职工上年度实际缴纳失业保险费的 30% 返还，中小微企业返还比例从 60% 最高提至 90%。社会团体、基金会、社会服务机构、律师事务所、会计师事务所、以单位形式参保的个体工商户参照实施。实施上述稳岗返还政策的统筹地区，上年度失业保险基金滚存结余备付期限应在 1 年以上。上述政策执行期限至 2022 年 12 月 31 日。各地要大力推广通过后台数据比对精准发放的"免申即享"经办新模式，进一步畅通资金返还渠道，对没有对公账户的小微企业，可将资金直接返还至当地税务部门提供的其缴纳社会保险费的账户。

二、拓宽技能提升补贴受益范围。领取失业保险金人员取得职业资格证书或职业技能等级证书的，可按照初级（五级）不超过 1000 元、中级（四级）不超过 1500 元、高级（三级）不超过 2000 元的标准申请技能提升补贴。参保职工取得职业资格证书或职业技能等级证书的，可按规定申请技能提升补贴；技能提升补贴申领条件，继续放宽至企业在职职工参加失业保险 1 年以上。每人每年享受补贴次数最多不超过三次。上述政策执行期限至 2022 年 12 月 31 日。

三、继续实施职业培训补贴政策。对领取失业保险金期间接受职业培训的失业人员，按规定发放职业培训补贴。

四、继续实施东部 7 省（市）扩大失业保险基金支出范围试点政策。北京市、上海市、江苏省、浙江省、福建省、山东省和广东省，可继续将失业保险基金用于支持参加失业保险且符合就业补助资金申领条件人员和单位的职业培训补贴、职业技能鉴定补贴、岗位补贴和社会保险补贴等四项支出。实施上述政策的统筹地区，上年度失业保险基金滚存结余备付期限应在 2 年以上。

五、发放一次性留工培训补助。2022 年 1 月 1 日至 12 月 31 日，累计出现 1 个（含）以上中高风险疫情地区的市（地、州、盟）、县（市、区、旗），可对因新冠肺炎疫情严重影响暂时无法正常生产经营的中小微企业，按每名参保职工不超过 500 元的标准发放一次性留工培训补助，支持企业组织职工以工作代替培训。社会团体、基金会、社会服务机构、律师事务所、会计师事务所、以单位形式参保的个体工商户参照实施。社会保险经办机构可通过大数据比对，按照该企业参加失业保险人数直接发放补助，无须企业提供培训计划、培训合格证书、职工花名册以及生产经营情况证明。上述补助同一企业只能享受一次。符合条件的，还可以享受失业保险稳岗返还。实施上述政策的统筹地区，上年度失业保险基金滚存结余备付期限应在 2 年以上。上述政策执行期限至 2022 年 12 月 31 日。具体办法由各省（自治区、直辖市）制定。

六、大力支持职业技能培训。上年度失业保险基金滚存结余备付期限在 2 年以上，并且职业技能提升行动专账资金不足的统筹地区，在各项保生活稳岗位政策落实到位的基础上，根据本地实际，可提取累计结余 4% 左右的失业保险基金至职业技能提升行动专账资金中，统筹用于职业技能培训。该项政策的提取期限至 2022 年 12 月 31 日。具体办法由各省（自治区、直辖市）制定，并报人力资源社会保障部、财政部备案。

七、实施降费率和缓缴社会保险费政策。延续实施阶段性降低失业保险、工伤保险费率政策 1 年，执行期限至 2023 年 4 月 30 日。对餐饮、零售、旅游、民航、公路水路铁路运输企业阶段性实施缓缴养老保险、失业保险、工伤保险费政策，其中，养老保险费缓缴期限 3 个月，失业保险和工伤保险费缓缴期限不超过 1 年，缓缴期间免收滞纳金。以个人身份参加企业职工基本养老保险的个体工商户和各类灵活就业人员，2022年缴纳养老保险费有困难的，可自愿暂缓缴费至 2023 年底前补缴。

八、保障失业人员基本生活。继续实施失业保险保障扩围政策，对领取失业保险金期满仍未就业的失业人员、不符合领取失业保险金条件的参保失业人员，发放失业补助金；对参保不满 1 年的失业农民工，发放临时生活补助。保障范围为 2022 年 1 月 1 日至 12 月 31 日期间新发生的参保失业人员。上年度失业保险基金滚存结余备付期限不足 2 年的省份，可结合本地区就业形势和基金支付能力，制定具体实施政策，并报人力资源社会保障部、财政部备案。上述政策执行期限至 2022 年 12 月 31 日。持续做好失业保险金、代缴基本医疗保险费和失业农民工一次性生活补助等常规性保生活待遇发放工作。各省（自治区、直辖市）要根据本地实际，逐步将失业保险金标准提高至最低工资标准的 90%。要进一步优化失业保险待遇全国线上申领统一入口，方便失业人员申领。

九、切实防范基金风险。各省（自治区、直辖市）要密切监测失业保险基金运行状况，加强形势研判和工作指导，确保基金收支平衡和安全可持续。要加快推进失业保险基金省级统筹，充分发挥省级调剂金作用，支持基金结余不足的统筹地区落实政策。要健全基金审核、公示、拨付等监督机制，加强技防人防，充分利用信息化手段验证资格条件，完善待遇申领信息比对核查系统，严防欺诈、冒领、骗取风险。

十、加强组织领导。各地要抓紧抓实抓细失业保险保生活稳岗位提技能等各项惠企利民政策落地见效。要大力开展失业保险待遇"畅通领、安全办"、援企稳岗"护航行动"和技能提升补贴"展翅行动"，持续优化经办服务，推动更多政策免跑即领、免申即享、免证即办，推动政策红利早释放。各省（自治区、直辖市）要加强工作调度，及时掌握政策落实情况，加大督促指导力度；要大力宣传先进经验、工作亮点，为推进工作提供借鉴，营造良好氛围。人力资源社会保障部将会同有关部门适时对政策实施情况、效果和失业保险基金运行情况开展评估。

人力资源社会保障部　财政部　国家税务总局
2022 年 4 月 25 日

人力资源社会保障部　教育部　财政部
关于推进企业吸纳就业社会保险补贴"直补快办"助力稳岗扩就业的通知

（人社部发〔2022〕37 号）

各省、自治区、直辖市及新疆生产建设兵团人力资源社会保障厅（局）、教育厅（教委）、财政厅（局）：

近期，新一轮疫情、国际局势变化的超预期影响，对稳就业工作带来新的挑战。为加大就业政策实施力度，推动政策速享尽享，助力用人单位稳定岗位、扩大就业，拟实施企业吸纳就业社会保险补贴政策"直补快办"行动，现就有关事项通知如下：

一、明确工作要求。各地要坚持以习近平新时代中国特色社会主义思想为指导，深入贯彻党中央、国务院关于稳就业保就业决策部署，坚持突出重点、精准施策，注重数据比对、部门协同，精准锁定吸纳就业困难人员、毕业年度高校毕业生及离校 2 年内未就业高校毕业生就业的用人单位，加快构建政策找人、无感智办、直补快办的落实机制，扩大政策落实率，提升企业获得感，支持企业更多吸纳重点群体就业。

二、加快全程网上经办。各地要加快建立省级一体化的就业补贴政策申领经办系统，其中企业吸纳就业社会保险补贴政策要在 2022 年 12 月底前全部实现网上申领，并通过网站、手机 App 等方式，为用人单位和劳动者提供补贴申领、资格核对、办理进度查询、资金发放等服务。目前暂不具备全程网上办理条件的事项，尽量通过电话咨询、指导、预约等方式提供服务。

三、推行"直补快办"模式。各地要改变以往企业上门申请、部门层层审批的工作模式，按月提取企业上月新增参保人员信息，会同当地教育等部门，做好与就业困难人员实名库、毕业生信息等比对，主动筛选确定符合补贴条件的单位和人员。通过上门宣传、12333 政务服务平台等渠道，主动向受益对象推送政策，告知补贴政策内容、申请流程、经办渠道。对能够直接依托信息系统、大数据比对、相关单位信息协同等方式获得或核实政策凭证的，可直接发放到企业账户。

四、优化审核经办流程。各地要加密审核频次，做到随申请随确定随审核，不得简单以季度、年度为频次集中受理审核。对当地社保缴纳基数尚未核定的，可先按照企业实际缴费情况或上年度缴费基数，计算补贴额度，待缴费基数确定后再予核定。推广"一次审批、全期畅领"，企业初次申请补贴政策后，政策享受期内，如相关情况和材料未发生变化，不得要求重复提供证明材料。进一步优化经办流程，减环节、减材料、减时限，编制好社保补贴审核发放流程和办事指南，加快资金发放进度，对主动申请或筛查确定的单位，最晚在 20 个工作日内完成审核和补贴发放流程。

五、防范资金管理风险。各地要按照就业补助资金监管有关要求，细化操作办法，加大风险排查，杜绝冒领、骗取、套取等现象，严防内外勾结、违规操作、失职渎职等行为，确保不发生资金管理系统性风险。要健全内控体系，落实岗位相互监督、业务环节相互制衡的机制，严禁业务和财务岗位兼任，严禁会计和出纳兼任。要严格流程控制，细化资质核定、资格审批、资金发放等经办规程，定期复核、抽检，确保规范运行。要加强对失信行为的追查问责，依法打击和震慑各类虚报冒领行为。

六、加大组织实施力度。各地要切实提高认识，抓好部署发动，细化工作方案，层层抓好落实。要创新形式，细化操作，加强政策宣传和业务培训，提升基层工作人员政策和业务水平。要加强信息衔接，建立人力资源社会保障部门内部以及与教育、财政等部门之间的协作机制，进一步解放思想、大胆创新，不断探索优化经办服务的新途径。

一次性吸纳就业补贴可参照上述"直补快办"要求执行。各地具体"直补快办"工作方案请于 2022 年 6 月底前报人力资源社会保障部就业促进司，后续工作进展和问题建议请及时报告。

人力资源社会保障部　教育部　财政部

2022 年 6 月 21 日

财政部　教育部　人民银行　银保监会
关于做好 2022 年国家助学贷款免息
及本金延期偿还工作的通知

（财教〔2022〕110 号）

各省、自治区、直辖市、计划单列市财政厅（局）、教育厅（局、教委），新疆生产建设兵团财政局、教育局，中国人民银行上海总部、各分行、营业管理部、省会（首府）城市中心支行、副省级城市中心支行，各银保监局，中央部门所属各高等学校，有关银行业金融机构：

为帮助家庭经济困难毕业生缓解就业压力，支持做好高校毕业生就业服务工作，经国务院同意，现就做好 2022 年国家助学贷款免息及本金延期偿还工作通知如下：

一、对 2022 年及以前年度毕业的贷款学生 2022 年内应偿还的国家助学贷款利息予以免除，参照国家助学贷款贴息政策，免除的利息由中央财政和地方财政分别承担。

二、对 2022 年及以前年度毕业的贷款学生 2022 年内应偿还的国家助学贷款本金，经贷款学生自主申请，可延期 1 年偿还，延期贷款不计罚息和复利，风险分类暂不下调。

三、国家助学贷款承办银行应按照调整后的贷款安排报送征信信息，已经报送的应当予以调整。贷款学生受新冠肺炎疫

— 152 —

情影响未能及时还款的，经贷款承办银行认定，相关逾期贷款可不作逾期记录报送，已经报送的应当予以调整。

本通知未规定事项，按照现行有关政策执行。

财政部　教育部　人民银行　银保监会

2022 年 5 月 26 日

国家发展改革委办公厅 财政部办公厅
银保监会办公厅关于推广疫情防控保险
助力做好保市场主体保就业保民生工作的通知

（发改办财金〔2022〕598号）

各省、自治区、直辖市及计划单列市，新疆生产建设兵团发展改革委、财政厅（局）、银保监局：

为深入贯彻落实党中央、国务院决策部署，高效统筹疫情防控和经济社会发展，现结合部分地区工作经验，将推广疫情防控保险，助力做好保市场主体保就业保民生有关工作通知如下：

一、疫情防控保险是对突发公共卫生事件造成财产和健康损失开展的风险保障，是以市场化方式分担疫情防控成本的重要创新。要充分认识疫情防控保险对于保居民就业保市场主体的"精准滴灌"作用，充分发挥保险的资金杠杆和风险分散功能，通过市场化保险方式为各类市场主体和个人应对疫情影响提供保险保障，稳定预期、增强信心。

二、加快研究制定疫情防控保险工作方案，细化部门责任分工，深化政保合作，有条件的地方可以对疫情防控保险给予政策支持，鼓励保险公司优先支持物流、餐饮、零售、文旅等特困行业企业投保。

三、指导推动保险公司依法依规开展疫情防控保险业务，鼓励开发完善复工复产综合保险方案和健康保险、货物损失险等疫情防控保险产品，合理设定保险责任，加大宣传力度，精准推送保险产品信息。支持引导保险机构共同参与，探索建立疫情防控保险共保体，增强承保能力，有效分担风险。鼓励通过各行业协会商会等根据实际需要组织辖区内企业投保，提升风险保障精准度和保险业务覆盖面。加大行业监管力度，规范销售及宣传行为，根据合同条款及时足额理赔，切实保障投保人合法权益。

四、鼓励引导保险公司结合投保对象所在行业特点和企业需要，针对性提供风险预防建议，协助企业开展风险隐患排查工作，压实行业和企业疫情风险防控责任。

五、持续跟进疫情防控保险推广工作情况，协调解决遇到的困难和问题，及时总结工作经验和做法，将疫情防控保险工作典型案例反馈国家发展改革委财金司、财政部金融司、银保监会财险部。

国家发展改革委办公厅

财政部办公厅

银保监会办公厅

2022 年 6 月 30 日

财政部办公厅 住房城乡建设部办公厅 水利部办公厅关于开展"十四五"第二批 系统化全域推进海绵城市建设示范工作的通知

（财办建〔2022〕28 号）

各省、自治区财政厅、住房和城乡建设厅、水利厅，新疆生产建设兵团财政局、住房和城乡建设局、水利局：

为贯彻习近平总书记关于海绵城市建设的重要指示批示精神，落实《中华人民共和国国民经济和社会发展第十四个五年规划和二〇三五年远景目标》关于建设海绵城市的要求，"十四五"期间，财政部、住房城乡建设部、水利部组织开展系统化全域推进海绵城市建设示范工作。2022 年，将组织第二批海绵城市建设示范竞争性选拔工作。现将有关事项通知如下：

一、工作目标和原则

"十四五"期间，财政部、住房城乡建设部、水利部通过竞争性选拔，确定部分基础条件好、积极性高、特色突出的城市分批开展典型示范，系统化全域推进海绵城市建设，中央财政对示范城市给予定额补助。示范城市应充分运用国家海绵城市试点工作经验和成果，制订全域开展海绵城市建设工作方案，重点聚焦解决城市防洪排涝的难题，建立与系统化全域推进海绵城市建设相适应的长效机制，统筹使用中央和地方资金，完善法规制度、规划标准、投融资机制和相关配套政策，全域系统化建设海绵城市。力争通过 3 年集中建设，示范城市防洪排涝能力明显提升，海绵城市理念得到全面、有效落实，为建设宜居、绿色、韧性、智慧、人文城市创造条件，推动全国海绵城市建设迈上新台阶。

二、示范城市申报及入围条件

每省（含区、兵团，下同）可推荐 1 个城市参评，"十四五"首批海绵城市建设示范 2021 年绩效评价结果等级为 A 的城市所在省可多推荐 1 个城市参评。申报城市应具备一定规模，其中：地级及以上城市城区人口不低于 50 万人、县级市城区人口不低于 20 万人。申报城市财力应满足海绵城市建设投入需要，不得因开展海绵城市建设形成新的政府隐性债务。已获得中央财政海绵城市建设试点资金支持的城市不得再次申报。

示范城市通过竞争性选拔方式确定，第二批海绵城市建设示范城市总数 25 个，综合考虑城市工作基础、工作方案成熟度、区域平衡等因素确定，并适当向中西部地区倾斜。

三、选拔程序

（一）省级推荐。

省级财政、住房和城乡建设、水利部门对照通知要求，组织本地区城市参照附件 2 编制实施方案、提供必要的支撑材料，明确推荐的城市名单，按照附件 1 填写有关情况，并于 2022 年 5 月 10 日前报财政部、住房城乡建设部、水利部。

（二）评审。

财政部、住房城乡建设部、水利部组织专家对城市申报方案进行书面评审后，符合条件的城市进入竞争性评审环节。为落实防疫有关要求，竞争性评审采取线上集中答辩方式，参评城市派员依序参加线上公开答辩，由专家封闭式评审打分。根据打分结果，确定入围城市名单，并现场公布。

（三）公示。

入围城市经过公示，无异议的确定为示范城市。存在异议并经查实的，取消资格并按竞争性评审结果依次递补。

四、中央补助资金支持标准和支持范围

中央财政按区域对示范城市给予定额补助。其中，地级及以上城市：东部地区每个城市补助总额 9 亿元，中部地区每个城市补助总额 10 亿元，西部地区每个城市补助总额 11 亿元；县级市：东部地区每个城市补助总额 7 亿元，中部地区每个城市补助总额 8 亿元，西部地区每个城市补助总额 9 亿元。补助资金根据工作推进情况分 3 年拨付到位。

示范城市统筹使用中央和地方资金系统化全域推进海绵城市建设。其中：新区以目标为导向，统筹规划、强化管理，通过规划建设管控制度建设，将海绵城市理念落实到城市规划建设管理全过程；老区以问题为导向，统筹推进排水防涝设施建

设，采用"渗、滞、蓄、净、用、排"等措施，补齐设施短板，"干一片、成一片"。示范工作坚持简约适用、因地制宜的原则，严禁出现"调水造景""大树进城"等不环保、不节约的情况。

中央补助资金主要支持城市建成区范围内的与海绵城市建设直接相关的各类项目建设，具体内容包括：

1. 海绵城市建设相关的排水防涝设施、雨水调蓄设施、城市内部蓄滞洪空间、城市绿地、湿地、透水性道路广场等项目。

2. 海绵城市建设涉及的城市内河（湖）治理、沟渠等雨洪行泄通道建设改造以及管网排查、监测设施建设等。

3. 居住社区、老旧小区改造和完整社区建设中落实海绵城市建设理念的绿地建设、排水管网建设项目等。

中央财政资金不得用于规划编制、方案制订、人员经费、日常运维等方面支出。

五、日常跟踪、监督检查及绩效管理

省级住房和城乡建设、水利、财政部门应建立对示范城市的日常跟踪及监督检查机制，及时将示范城市的任务落实、项目实施进度、存在问题及经验做法等报住房城乡建设部、水利部、财政部（每个示范城市每季度不少于1期）。其中，住房和城乡建设、水利部门重点检查任务完成情况，财政部门重点检查财政资金使用合规情况。住房城乡建设部、水利部、财政部将在汇总地方上报情况的基础上，对示范城市开展抽查，日常监督检查情况将作为年度绩效评价的参考。

各地在申报材料中应明确地方海绵城市建设 3 年总体绩效目标以及分年度绩效目标。经竞争性选拔、公示后确定入围的城市，应由城市人民政府对 3 年总体绩效目标以及分年度绩效目标表盖章后报三部门备案。财政部会同住房城乡建设部、水利部按照预算管理有关要求开展绩效评价。绩效评价结果将与中央财政资金拨付、后续批次示范城市申报名额等挂钩。

六、其他说明事项

（一）参与申报的各省级财政、住房和城乡建设、水利部门应联合行文上报三部门，并组织申报城市通过财政部、住房城乡建设部、水利部邮箱报送电子版（含佐证材料），或通过光盘等移动存储方式邮寄。

（二）为落实过紧日子要求，各申报城市应紧扣要求编制工作方案，避免委托中介机构"编本子、讲故事"，印制豪华材料等情况，切实减少申报工作相关支出。申报材料除正式文件外，实施方案及相关支撑材料一律报送电子版。

（三）请各地严格按照通知明确的数量和要求推荐城市、报送材料等，并对报送内容真实性负责。对不按要求报送或申报内容明显不实的城市，将取消当年入围资格，并视情况限制今后年度项目申报。

联系方式：

财政部经济建设司：

电话：010 - 61965043，邮箱：shikelu@ mof. gov. cn

住房城乡建设部城市建设司：

电话：010 - 58933160，邮箱：hmcs@ mohurd. gov. cn

水利部规划计划司：

电话：010 - 63204440，邮箱：jhyc@ mwr. gov. cn

附件：1. 示范城市申报条件情况表

2. 系统化全域推进海绵城市建设示范城市实施

方案编制大纲（供参考）

财政部办公厅　住房城乡建设部办公厅　水利部办公厅

2022 年 4 月 8 日

附件1：

示范城市申报条件情况表

序号	分类	具体要求	备注	落实情况
1	组织领导	已建立海绵城市建设的机构或工作机制，明确相关部门职责分工。	建立机构的，应由编办发文或"三定"规定明确。	
2		已落实海绵城市建设的责任主体。		
3		已具备较好的海绵城市建设工作基础，形成一批落实海绵城市建设理念的项目。	需提供项目清单、分布图、项目情况照片。	
4		统筹推进海绵城市建设，体现系统治理理念，与黑臭水体治理、污水处理提质增效工作有机融合。	到示范期末，示范城市生活污水集中收集率应达到70%以上，或较"十三五"末提高20个百分点，城市污水处理厂进水BOD浓度均达到100mg/L以上。	
5	法规制度	有立法权的城市，已制定本市海绵城市建设相关要求的法规；尚未制定的，应有明确的立法计划，并承诺在建设期内完成。无立法权的城市，政府已出台海绵城市等相关领域建设的指导意见。	法规或行政规范性文件中应明确海绵城市建设的具体要求。	

序号	分类	具体要求	备注	落实情况
6	法规制度	将海绵城市建设要求纳入竣工验收要求。	有具体工作要求，且在全市范围内长期有效。	
7	法规制度	建立海绵城市相关设施运行维护的制度，明确运行维护主体。	有具体工作要求，且在全市范围内长期有效。	
8	规划管控	已编制海绵城市建设专项规划并获得政府批复实施。	其中，尚未编制完成"十四五"建设规划的，可暂以"十三五"期间经政府批复的建设规划代替，且应在建设期内完成"十四五"建设规划的制（修）订并批复。	
9	规划管控	将海绵城市建设要求和关键指标纳入规划建设管控。	结合机构改革、规划职责调整和"放管服"等要求，结合本地管理体制确定。	
10	规划管控	已制定统筹推进海绵城市建设示范的系统化实施方案，突出简约适用、因地制宜的要求，避免铺张浪费，"大引大排""大拆大建"，方案应涵盖建设期。		
11	完善标准	建立海绵城市建设相关的规划设计、工程施工、竣工验收、运行维护的地方标准规范，施工图审查要点等。		

续表

序号	分类	具体要求	备注	落实情况
12	完善标准	制定本地区海绵城市设计方法、关键参数、植物选型指引等。	可通过设计导则、地方技术标准、设计手册等体现。	
13		制定本地区海绵城市建设规划设计、材料、施工、运行维护定额标准等。		
14		已完成排水管网普查，建立 GIS 信息平台。		
15	保障措施	制定统筹推进海绵城市建设的运作模式方案，采用 PPP 模式的应包括绩效考核、按效付费的要求。		
16		统筹安排财政资金、专项债等支持海绵城市建设运营。		
17		制定支持统筹推进海绵城市建设的用地、融资等方面的支持政策。		
18		建立专业化运营管理的队伍。	包括通过政府购买服务、委托运营、特许经营等方式确定的专业化队伍。	

附件 2：

系统化全域推进海绵城市建设示范城市
实施方案编制大纲（供参考）

为系统化全域推进海绵城市建设，在组织领导、工作机制、政策措施等方面形成具有示范意义的经验，以点带面，带动一定区域内其他城市稳步推进海绵城市建设，制定本大纲。

一、基本情况

（一）城市基础特征。

简述本市地形地貌、山水格局、土壤地质、气候水文等特征。

（二）城市建设有关情况。

简述本市经济社会、人口、用地情况，以及城市防洪排涝设施建设等情况。

二、已开展的工作和成效

总结海绵城市建设方面已经取得的成效、经验和体会等，并从以下方面简述已经开展的工作：

（一）海绵城市建设的组织领导、工作机构或协调机制建立情况。

（二）海绵城市建设专项规划编制和实施情况；相关地方标准制定情况。

（三）海绵城市建设相关的法律法规、政策制度文件制定和实施情况，包括规划建设管控制度、设计施工、工程质量控制、验收管理、运行维护、投融资等方面。

（四）城市内涝治理工作情况。

（五）海绵城市建设方面的投融资情况。包括：财政投入、社会资本引入、建立收费制度等。

（六）海绵城市建设评价机制建立情况、评价工作开展情况。

（七）落实海绵城市建设理念相关工程项目实施情况和效果。

三、"十四五"期间工作目标

坚持问题导向和目标导向，从治理城市内涝、提升城市排水防涝能力、加强雨水利用等方面，制定"十四五"期间通过海绵城市建设拟达成的工作目标。

四、建设目标和工作思路

（一）工作目标。

以海绵城市建设为统领，聚焦城市内涝治理成效，统筹实施城市防洪排涝设施建设，围绕高质量发展的要求，构建健康的城市水循环系统，提高城市的承载力宜居性包容度、人民群众获得感幸福感等角度，提出到示范期末的工作目标。

（二）指标体系。

坚持结果导向，因地制宜将工作目标分解形成内涝防治、雨水收集和利用、城市生活污水集中收集率、海绵城市建设满意度等方面的量化指标，以及制度和机制方面的定性指标。可结合本地实际情况参考附1的指标项确定。

（三）技术路线。

提出系统化全域开展海绵城市建设示范的技术路线。

五、统筹谋划系统化实施方案

在区域流域、城市、设施、社区等不同层级进行系统研究。统筹区域流域生态环境治理和城市建设，统筹城市水资源利用和防灾减灾，统筹城市防洪和排涝工作，在所有新建、改建、扩建项目中落实海绵城市建设要求，构建健康的城市水循环系统，体现区域流域、城市、设施、社区等不同层面的建设内容，实施方案应遵循简约适用、因地制宜的原则，坚决避免"大引大排""大拆大建"等铺张浪费情况。可结合本地实际需求，参考以下方面，突出重点和特色。

（一）区域流域。

识别山、水、林、田、湖、草等生命共同体的空间分布，分析本城市的生态本底、自然地理条件禀赋。保护流域区域现有雨洪调蓄空间，扩展城市建成区外的自然调蓄空间。针对沿河、沿海及有山洪入城风险城市，提出防洪（潮）工程等方案。

（二）城市。

新建城区应提出规划建设管控方案，统筹城市内涝治理、污水提质增效等工作要求，高起点规划、高标准建设城市排水设施，并与自然生态系统有效衔接。老城区结合城市更新，针对积水内涝、公共空间品质不高等问题，有针对性地加强排水管网、雨水泵站、调蓄设施等排水防涝设施的改造建设，有效缓解城市内涝问题。建设信息化平台，对城市降雨、防洪、排涝、蓄水、用水等信息进行综合采集、实时监测和系统分析等。

（三）设施体系。

建设生态、安全、可持续的城市水循环系统，在各类建设项目中落实海绵城市建设要求，整体提升水安全保障水平和防灾减灾能力。建立"源头减排、管网排放、蓄排并举、超标应急"的城市排水防涝工程体系，增强城市防洪排涝能力。结合城市更新"增绿留白"，在城市绿地、建筑、道路、广场等新建改建项目中，因地制宜建设屋顶绿化、植草沟、干湿塘、旱溪、下沉式绿地、地下调蓄池等设施，推广城市透水铺装，建设雨水下渗设施，不断扩大城市透水面积，整体提升城市对雨水的蓄滞、净化能力。恢复城市内外河湖水系的自然连通，增强水的畅通度和流动性，因地制宜恢复因历史原因封盖、填埋的天然排水沟、河道等。

（四）社区。

结合实施城市更新行动、老旧小区改造等工作，充分运用"渗、滞、蓄、净、用、排"等措施，优先解决排水管网不完善、影响居民生活的积水点问题，充分利用居住社区内的空地、荒地和拆违空地增加海绵型设施，实现雨水的就地积存、消纳、滞蓄，发挥削峰错峰作用，实现防灾减灾、景观休闲等综合功能。

六、资金筹措和使用方案

依据有关财务规定要求，提出资金筹措和使用方案，充分发挥中央资金的引导带动作用，充分发挥水利、生态环保等方面资金"一钱多用"综合效益。鼓励吸引社会资本参与，在财政承受能力、债务风险可控的前提下，可将相关项目纳入本省当年新增专项债券项目需求清单。建立公共基础设施收费制度，合理确定收费标准及收缴机制。

七、建设任务和项目清单

按照轻重缓急，逐年列出 3 年建设任务，明确任务主要内容、工程量、资金需求、时序安排、责任部门等，编制项目清单（样式见附 2）。

八、长效机制建设

（一）工作机制。

已建立的机制，应在示范期内通过立法、建立规章等方式予以明确；尚未建立的机制，可先通过行政规范性文件予以明确，并在示范期完成立法或建立规章。

1. 工作组织方面：如，海绵城市建设组织领导、法规制度保障、督查考核、资金投入保障等方面的机制。

2. 统筹推进方面：如，政府相关部门统筹协调推进海绵城市建设的工作机制，政府、企业和社会力量协调配合、合作共赢的机制，各类工程的空间布局和建设时序优化安排机制，海绵城市规划建设成果与相关规划的协调和反馈机制等。

3. 制度创新方面：如，海绵城市规划建设管控、设计施工、工程质量监督、竣工验收等方面的机制。

4. 运营模式方面：如，"厂网河（湖）一体"专业化运营机制、政府和社会资本合作"绩效考核、按效付费"等。

5. 其他有利于推进海绵城市建设的机制。

（二）保障措施。

结合本地实际提出。

1. 组织保障：包括组织领导、管理体制、监督考核等。

2. 制度保障：包括责任落实、规划建设、维护管理、资金、用地、鼓励市场主体参与等。

3. 宣传培训：包括科技支撑、人才培养、宣传培训等。

4. 其他：有利于海绵城市建设的其他措施。

九、项目清单

可参考附 2 样式。

十、附件

将已发布文件、各类支撑材料和佐证材料作为附件。

（一）专项规划类。

海绵城市建设、城市防洪、排水防涝等相关规划。

（二）规范性文件类。

海绵城市建设相关的规范性文件。

（三）技术标准类。

关于海绵城市建设的地方标准、图集、导则等。

（四）其他。

反映海绵城市建设工作情况的资料、视频等。

附：1. 第二批海绵城市建设示范城市指标体系

2. _____市系统化全域推进海绵城市建设项目清

单（2022－2024年）

附1：

第二批海绵城市建设示范城市指标体系

序号	一级指标	二级指标	三级指标	指标属性
1	产出绩效	内涝防治	内涝防治标准	定量
2			内涝积水区段消除比例	定量
3			城市防洪标准	定量
4			天然水域面积比例	定量
5			可透水地面面积比例	定量
6		雨水收集和利用	雨水资源化利用	定量
7		其他	城市生活污水集中收集率	定量
8			城市污水处理厂进水BOD平均浓度	定量
9			黑臭水体消除比例	定量
10	管理绩效	立法及长效机制	拟完成的立法或长效机制	定量
11		规划建设管控制度	拟建立的海绵城市规划建设管控制度	定性
12		绩效考核制度	市政府对各区、各部门的绩效考核制度	定性
13		投融资机制	拟制定的投融资机制	定性
14		培训宣传及公众参与	拟开展的海绵城市建设培训、宣传次数	定量

续表

序号	一级指标	二级指标	三级指标	指标属性
15		资金下达及时性	中央奖补资金及时下达到项目	定量
16	资金绩效	资金的协同性	地方按方案筹集资金，充分带动社会资金参与	定性
17		资金使用的有效性	中央资金合规使用，有力支撑项目建设	定性
18	满意度	公众对海绵城市建设满意度		定量

附2：

_____市系统化全域推进海绵城市建设项目清单
（2022－2024年）

序号	类别【注1】	建设内容【注2】	工程量	责任部门	项目起止年月（××年×月—××年×月）	项目进展【注3】	投融资安排情况（万元）【注4】					其中：		备注
							海绵城市建设项目投资	投资批复文件名称（已批复项目填写）	地方政府及社会资本拟投入资金小计	地方政府计划投入资金	社会资本计划投入资金	银行贷款	地方发债	
合计														
1														
2														
3														
4														
...														
...														

注：1. "类别"填写：（1）居住社区海绵城市改造；（2）海绵型道路广场；（3）海绵型公园绿地；（4）城区水系治理；（5）雨水调蓄设施或自然调蓄空间建设；（6）雨水管网及泵站改造与建设；（7）管网排查与修复项目；（8）GIS平台建设、监测设施等；（9）其他。

2. "建设内容"可按单体项目或项目包填写，若项目属于随道路、建筑等主体工程配套建设的，填写"项目总投资"时不应包含主体工程部分的投资。

3. "项目进展"填写：（1）尚未立项；（2）项目前期——尚未完成初步设计概算；（3）项目前期——已完成初步设计概算，尚未完成招投标；（4）项目前期——已完成招投标，尚未开工；（5）已开工。

4. "投融资安排情况"中，尚未明确落实资金来源渠道的，可仅填写"海绵城市建设项目投资"。海绵城市建设项目投资指具有海绵城市"渗、滞、蓄、净、用、排"等功能部分的投资，不含建筑主体工程部分的投资。

财政部关于下达 2022 年城市管网及污水处理补助资金预算的通知

（财建〔2022〕174 号）

有关省、自治区财政厅：

根据《城市管网及污水处理补助资金管理办法》（财建〔2021〕144 号）规定及有关工作安排，经商住房城乡建设部、水利部，现就有关事项通知如下：

一、下达你省（区）2022 年城市管网及污水处理补助资金预算指标（项目编码 Z135060079040），用于支持系统化全域推进海绵城市建设示范工作。具体预算金额见附件。支出列 2022 年政府收支分类科目"211. 节能环保支出"。

二、你厅收到本通知后，请尽快将资金指标下达示范城市，并对照示范有关工作要求，确定资金安排方案。资金安排方案应于收到资金 60 天内报财政部、住房城乡建设部、水利部备案。

三、资金安排方案确定后，请尽快将资金下达到具体项目，并根据相关规定，督促加快工作实施进度，确保项目顺利实施。要按照财建〔2021〕144 号有关规定及相关财经制度，加强资金监管和预算执行，确保资金使用安全规范有效。

四、要按照《财政部关于印发〈中央对地方专项转移支付绩效目标管理暂行办法〉的通知》（财预〔2015〕163号）相关要求，参照下达的绩效目标，科学合理填报《城市管网及污水处理补助资金绩效目标申报表》，并于2022年7月31日前报财政部、住房城乡建设部、水利部备案，审核确认后的绩效目标作为绩效运行监控和绩效评价的依据。请在组织预算执行中对照绩效目标做好绩效运行监控，确保年度绩效目标如期实现。

附件：1. 2022年城市管网及污水处理补助资金汇总表（不发地方）（略）

2. 2022年城市管网及污水处理补助资金情况表（分发地方）（略）

3. 中央对地方专项转移支付区域实施期绩效目标表（分发地方）（略）

4. 中央对地方专项转移支付区域年度绩效目标表（2022年度，分发地方）（略）

财政部

2022年6月9日

财政部关于下达 2022 年中小企业发展专项资金预算（专精特新方向）的通知

（财建〔2022〕160 号）

有关省、自治区、直辖市、计划单列市财政厅（局），新疆生产建设兵团财政局：

根据《中小企业发展专项资金管理办法》（财建〔2021〕148 号）、《财政部　工业和信息化部关于支持"专精特新"中小企业高质量发展的通知》（财建〔2021〕2 号）等相关文件规定，现下达各地 2022 年中小企业发展专项资金预算（专精特新方向），具体额度见附件 1 和附件 2。支出列 2022 年政府收支分类科目：215 资源勘探工业信息等支出，项目名称：中小企业发展专项资金，项目代码：Z145110010027。

本次奖补资金包括：一是第三批国家级专精特新重点"小巨人"企业高质量发展财政奖补资金；二是第一批国家级专精特新重点"小巨人"企业第二年奖补资金（按照平均57.5%的比例预拨），请各地加强资金监管，待今年绩效考核完成后，据实清算。

各地要压实主体责任，加大财税支持力度、完善信贷支持政策、畅通市场化融资渠道，推动产业链协同创新、提升企业创新能力、推动数字化转型、加强人才智力支持，助力企业开拓市场、提供精准对接服务，进一步支持"专精特新"中小企业高质量发展，引导带动更多中小企业走"专精特新"发展之路。

请各地按规定及时下达有关资金，并会同本地中小企业主管部门等有关部门按职责分工加强资金监管。同时，结合本地实际情况，将绩效目标（附件3）及时向下分解，做好绩效运行监控，确保绩效目标如期实现。

附件：1. 重点"小巨人"企业奖补资金分配表

2. 重点"小巨人"企业奖补资金分配情况（分发各地）（略）

3. 中央对地方转移支付区域绩效目标表（分发各地）（略）

财政部

2022 年 6 月 2 日

附件 1：

重点"小巨人"企业奖补资金分配表

单位：万元

省（区、市、计划单列市、新疆生产建设兵团）	第一批"小巨人"企业奖补资金	第三批"小巨人"企业奖补资金	合计
合计	83522	108600	192122
北京市	4715	6200	10915
天津市	2415	2800	5215
河北省	3335	5600	8935
山西省	690	400	1090
内蒙古自治区	460	0	460
辽宁省	1035	2400	3435
大连市	1265	400	1665
吉林省	920	200	1120
黑龙江省	690	1400	2090
上海市	5060	4000	9060
江苏省	3450	11600	15050
浙江省	6180	6400	12580
宁波市	3450	5400	8850
安徽省	5750	4000	9750
福建省	2300	1400	3700
厦门市	1955	800	2755
江西省	1495	3000	4495

省（区、市、计划单列市、新疆生产建设兵团）	第一批"小巨人"企业奖补资金	第三批"小巨人"企业奖补资金	合计
山东省	6847	5400	12247
青岛市	3220	1600	4820
河南省	3105	3400	6505
湖北省	2645	6200	8845
湖南省	4370	6000	10370
广东省	3910	4600	8510
深圳市	575	4400	4975
广西壮族自治区	805	1800	2605
重庆市	2645	5000	7645
四川省	2415	5800	8215
贵州省	1150	1800	2950
云南省	1150	200	1350
陕西省	3795	3600	7395
甘肃省	1035	800	1835
青海省	115	0	115
宁夏回族自治区	575	1200	1775
新疆维吾尔自治区	0	600	600
新疆生产建设兵团	0	200	200

财政部 税务总局关于减征部分乘用车车辆购置税的公告

（财政部 税务总局公告 2022 年第 20 号）

为促进汽车消费，支持汽车产业发展，现就减征部分乘用车车辆购置税有关政策公告如下：

一、对购置日期在 2022 年 6 月 1 日至 2022 年 12 月 31 日期间内且单车价格（不含增值税）不超过 30 万元的 2.0 升及以下排量乘用车，减半征收车辆购置税。

二、本公告所称乘用车，是指在设计、制造和技术特性上主要用于载运乘客及其随身行李和（或）临时物品，包括驾驶员座位在内最多不超过 9 个座位的汽车。

三、本公告所称单车价格，以车辆购置税应税车辆的计税价格为准。

四、乘用车购置日期按照机动车销售统一发票或海关关税专用缴款书等有效凭证的开具日期确定。

五、乘用车排量、座位数，按照《中华人民共和国机动车整车出厂合格证》电子信息或者进口机动车《车辆电子信息单》电子信息所载的排量、额定载客（人）数确定。

特此公告。

财政部 税务总局

2022 年 5 月 31 日

财政部关于下达 2022 年车辆购置税收入补助地方资金预算（第一批）的通知

（财建〔2022〕118 号）

有关省、自治区、直辖市、计划单列市财政厅（局），新疆生产建设兵团财政局：

根据《财政部　交通运输部关于印发〈车辆购置税收入补助地方资金管理暂行办法〉的通知》（财建〔2021〕50 号）等规定，现下达你省（自治区、直辖市、计划单列市、新疆生产建设兵团，以下统称省）2022 年车辆购置税收入补助地方建设项目支出预算（第一批）（项目代码：Z135060000035；收入列 2022 年政府收支分类科目"1100253 交通运输共同财政事权转移支付收入"，支出列 2022 年政府收支分类科目"214 交通运输支出"），详见附件。此次资金下达后，有关要求如下：

一、车辆购置税收入补助地方资金采用项目法分配的非涉密部分列入直达资金管理，直达资金的标识为"01 中央直达资金"，贯穿资金分配、拨付、使用等整个环节，且保持不变。请你省在接到本指标发文的 21 日内提出有关直达资金分配到具体地区和单位的方案报我部备案，不涉及调整已下达项目预算的将不再进行批复。在下达该项转移支付时，应单独下达预算指标文件，并保持中央直达资金标识不变。及时在指标管理系统中登录有关指标和直达资金标识，导入直达资金监控系统，确保数据真实、账目清晰、流向明确。对于资金来源既包含中央直达资金又包含地方对应安排资金的项目，在预算指标文件、指标管理系统可按资金明细来源分别列示，在指标系统中分别登录；也可以由直达资金监控系统按照中央直达资金、地方对应安排资金的比例自动拆分。

二、车辆购置税收入补助地方资金采用"以奖代补"方式分配的部分下达后，你省应及时将细化分解到具体项目的资金和项目基础信息与"以奖代补"数据支撑系统进行数据挂接，严格按照《普通省道和农村公路"以奖代补"考核数据支撑系统建设指南（试行）》有关要求，对建设、养护实际情况进行动态跟踪，及时更新包括项目资金投入后形成的实物工作量、政府采购等信息在内的数据情况，会同同级交通运输主管部门落实"交叉审核"责任。

三、你省要按照《中共中央　国务院关于全面实施预算绩效管理的意见》的要求，完善绩效目标管理，做好绩效运行监控和绩效评价，确保财政资金安全有效。

附件：1. 2022年车辆购置税收入补助地方资金（第一批）项目分配总表（不发地方）（略）

2. 2022年车辆购置税收入补助地方资金（第一批）项目分配表（分发地方）（略）

3. 2022年车辆购置税收入补助地方资金（第一批）整体绩效目标表（不发地方）（略）

4. 2022 年车辆购置税收入补助地方资金（第一批）分省绩效目标表（分发地方）（略）

财政部

2022 年 4 月 22 日

财政部关于下达 2022 年节能减排补助
资金预算的通知

（财建〔2022〕86 号）

有关省、自治区、直辖市、计划单列市财政厅（局）：

根据财政部会同有关部门印发的《关于 2016－2020 年新能源汽车推广应用财政支持政策的通知》（财建〔2015〕134号）、《关于"十三五"新能源汽车充电基础设施奖励政策及加强新能源汽车推广应用的通知》（财建〔2016〕7号）、《关于调整新能源汽车推广应用财政补贴政策的通知》（财建〔2016〕958号）、《关于调整完善新能源汽车推广应用财政补贴政策的通知》（财建〔2018〕18号）、《关于进一步完善新能源汽车推广应用财政补贴政策的通知》（财建〔2019〕138号）、《关于完善新能源汽车推广应用财政补贴政策的通知》（财建〔2020〕86号）、《关于 2022 年新能源汽车推广应用财政补贴政策的通知》（财建〔2021〕466号）等文件规定，现下达你省（区、市）2022 年节能减排补助资金（详见附件），用于 2019－2020 年度新能源汽车推广应用补助资金清算、2019－2021 年度新能源汽车推广应用补助资金预拨和 2016－2019 年度充电基础设施奖励。

上述资金收入列 2022 年政府收支分类科目"1100250 节

能环保共同财政事权转移支付收入"、支出列 2022 年政府收支分类科目"211 节能环保支出",项目名称为"节能减排补助资金",项目代码为"Z155110010003"。

你省(区、市)有关部门要加强资金管理,严格把关,确保资金及时到位和安全有效。

附件:1. 2022 年节能减排补助资金汇总表

2. 2019－2020 年度新能源汽车推广应用补助资金清算汇总表

3. 2019－2021 年度新能源汽车推广应用补助资金预拨汇总表

4. 2016－2019 年度充电基础设施奖励资金汇总表

5. 2022 年度节能减排补助资金绩效目标表

财政部

2022 年 4 月 7 日

附件 1：

2022 年节能减排补助资金汇总表

单位：万元

序号	地区	地区合计	新能源汽车推广应用补助资金		充电基础设施建设奖励资金					
			2019 - 2020 年清算	2019 - 2021 年预拨	小计	2016 年	2017 年	2018 年	2019 年
	总计	1962630	332659	1029501	600470	12000	249370	212600	126500
1	北京	121317	44499	28818	48000	0	14000	16000	18000
2	天津	22972	0	− 128	23100	0	12700	10400	0
3	河北	101510	24030	77480	0	0	0	0	0
4	山西	17668	42	5626	12000	12000	0	0	0
5	内蒙古	3530	0	0	3530	0	3530	0	0
6	辽宁	14211	0	− 1319	15530	0	7730	3600	4200
7	吉林	35498	0	27248	8250	0	4650	3600	0
8	黑龙江	19216	0	− 234	19450	0	11650	3600	4200
9	上海	299581	66286	191795	41500	0	14000	16000	11500
10	江苏	61360	16462	14898	30000	0	14000	16000	0
11	浙江	145407	35235	62172	48000	0	14000	16000	18000
12	宁波	11316	4801	6515	0	0	0	0	0
13	安徽	166300	4461	123839	38000	0	14000	16000	8000
14	福建	37420	0	− 580	38000	0	14000	16000	8000
15	厦门	13808	49	13759	0	0	0	0	0
16	江西	8380	294	− 11714	19800	0	13100	6700	0

序号	地区	地区合计	新能源汽车推广应用补助资金		充电基础设施建设奖励资金					
			2019－2020年清算	2019－2021年预拨	小计	2016年	2017年	2018年	2019年
17	山东	32530	28301	4229	0	0	0	0	0
18	青岛	－922	0	－922	0		0	0	0
19	河南	86837	9285	39552	38000	0	14000	16000	8000
20	湖北	75529	13449	33380	28700	0	14000	6700	8000
21	湖南	89984	58262	－6278	38000	0	14000	16000	8000
22	广东	169746	6682	115064	48000	0	14000	16000	18000
23	深圳	119742	0	119742	0	0	0	0	0
24	广西	24122	0	6912	17210	0	9410	3600	4200
25	重庆	68682	0	57912	10770	0	7170	3600	0
26	四川	38778	3356	1222	34200	0	14000	16000	4200
27	贵州	3136	3738	－602	0	0	0	0	0
28	云南	9234	0	－416	9650	0	6050	3600	0
29	陕西	155808	13427	121531	20850	0	13050	3600	4200
30	甘肃	9930	0	0	9930	0	6330	3600	0

附件2:

2019－2020年度新能源汽车推广应用
补助资金清算汇总表

单位:万元

序号	地区	企业名称	核定补助资金			此前待扣回预拨资金	此次实际扣回预拨资金	本次实际安排资金
			小计	2019年	2020年			
		总计	1948020	886618	1061402	1793457	1615361	332659
1	北京	合计	62357	31262	31095	19580	17858	44499
		北京汽车股份有限公司	30655	13671	16984	0	0	30655
		北京新能源汽车股份有限公司	13844	1490	12354	0	0	13844
		北汽福田汽车股份有限公司	17858	16101	1757	19580	17858	0
2	天津	合计	9855	6616	3239	10892	9855	0
		天津一汽丰田汽车有限公司	9855	6616	3239	10892	9855	0
3	河北	合计	121135	37299	83836	97758	97105	24030
		河北红星汽车制造有限公司	6496	6496	0	0	0	6496
		河北长安汽车有限公司	4007	3227	780	4660	4007	0
		长城汽车股份有限公司	110632	27576	83056	93098	93098	17534

续表

序号	地区	企业名称	核定补助资金			此前待扣回预拨资金	此次实际扣回预拨资金	本次实际安排资金
			小计	2019年	2020年			
		合计	41443	17060	24383	50043	41401	42
4	山西	成都大运汽车集团有限公司	83	0	83	1046	83	0
		山西成功汽车制造有限公司	71	71	0	29	29	42
		山西新能源汽车工业有限公司	41289	16989	24300	48968	41289	0
5	辽宁	合计	19753	15979	3774	20759	19753	0
		华晨宝马汽车有限公司	19753	15979	3774	20759	19753	0
6	上海	合计	315594	57181	258413	279728	249308	66286
		上海汽车集团股份有限公司	72613	31527	41086	72783	72613	0
		上海申龙客车有限公司	0	0	0	22612	0	0
		上海申沃客车有限公司	9306	5477	3829	11861	9306	0
		上海万象汽车制造有限公司	3084	2726	358	4442	3084	0
		上汽大通汽车有限公司	1083	849	234	3098	1083	0
		上汽大众汽车有限公司	17171	16602	569	18881	17171	0
		特斯拉（上海）有限公司	212337	0	212337	146051	146051	66286

续表

序号	地区	企业名称	核定补助资金			此前待扣回预拨资金	此次实际扣回预拨资金	本次实际安排资金
			小计	2019年	2020年			
7	江苏	合计	81818	61323	20495	67817	65356	16462
		北汽（常州）汽车有限公司	456	421	35	185	185	271
		比亚迪汽车工业有限公司南京分公司	6106	4962	1144	3083	3083	3023
		金龙联合汽车工业（苏州）有限公司	22801	17817	4984	22956	22801	0
		南京金龙客车制造有限公司	32472	28694	3778	22712	22712	9760
		扬州亚星客车股份有限公司	10999	9106	1893	7751	7751	3248
		重庆理想汽车有限公司	8661	0	8661	10967	8661	0
		重庆理想智造汽车有限公司	323	323	0	163	163	160
8	浙江	合计	140310	98894	41416	109111	105075	35235
		比亚迪汽车工业有限公司杭州分公司	17868	17090	778	9021	9021	8847
		合众新能源汽车有限公司	18288	7248	11040	9236	9236	9052

续表

序号	地区	企业名称	核定补助资金			此前待扣回预拨资金	此次实际扣回预拨资金	本次实际安排资金
			小计	2019 年	2020 年			
8	浙江	湖南江南汽车制造有限公司永康众泰分公司	0	0	0	1020	0	0
		威马汽车制造温州有限公司	28947	5029	23918	31963	28947	0
		浙江豪情汽车制造有限公司	75207	69527	5680	57871	57871	17336
9	宁波	合计	8847	4736	4111	4046	4046	4801
		浙江吉利汽车有限公司	4612	754	3858	2326	2326	2286
		浙江中车电车有限公司	4235	3982	253	1720	1720	2515
10	安徽	合计	159330	43277	116053	170955	154869	4461
		安徽安凯汽车股份有限公司	16852	14251	2601	16937	16852	0
		安徽江淮汽车集团股份有限公司	67767	8630	59137	80377	67767	0
		奇瑞汽车股份有限公司	15171	10400	4771	15769	15171	0
		奇瑞商用车（安徽）有限公司	9310	8671	639	12103	9310	0
		奇瑞新能源汽车股份有限公司	50230	1325	48905	45769	45769	4461

续表

序号	地区	企业名称	核定补助资金			此前待扣回预拨资金	此次实际扣回预拨资金	本次实际安排资金
			小计	2019 年	2020 年			
11	厦门	合计	35116	27558	7558	36104	35067	49
		厦门金龙联合汽车工业有限公司	16812	14042	2770	17849	16812	0
		厦门金龙旅行车有限公司	18304	13516	4788	18255	18255	49
12	江西	合计	6447	4955	1492	16818	6153	294
		江铃控股有限公司	1587	1587	0	2434	1587	0
		江铃汽车股份有限公司	594	594	0	300	300	294
		江西昌河汽车有限责任公司	961	677	284	5410	961	0
		江西江铃集团新能源汽车有限公司	3305	2097	1208	8674	3305	0
13	山东	合计	79417	68290	11127	51116	51116	28301
		山东凯马汽车制造有限公司	242	238	4	122	122	120
		山东蓝诺汽车有限公司	188	163	25	68	68	120
		烟台舒驰客车有限责任公司	1162	1162	0	351	351	811

续表

序号	地区	企业名称	核定补助资金			此前待扣回预拨资金	此次实际扣回预拨资金	本次实际安排资金
			小计	2019 年	2020 年			
13	山东	中国重汽集团济南豪沃客车有限公司	7350	6768	582	2976	2976	4374
		中通客车控股股份有限公司	70475	59959	10516	47599	47599	22876
14	河南	合计	152074	94147	57927	142789	142789	9285
		海马汽车有限公司	24240	4679	19561	21792	21792	2448
		郑州日产汽车有限公司	679	436	243	275	275	404
		郑州宇通客车股份有限公司	121113	86291	34822	116085	116085	5028
		郑州宇通重工有限公司	6042	2741	3301	4637	4637	1405
15	湖北	合计	88878	80829	8049	77160	75429	13449
		东风汽车股份有限公司	13349	12347	1002	15080	13349	0
		东风汽车集团有限公司	57262	54752	2510	46569	46569	10693
		东风汽车有限公司	15789	11252	4537	14507	14507	1282
		湖北新楚风汽车股份有限公司	2478	2478	0	1004	1004	1474

续表

序号	地区	企业名称	核定补助资金			此前待扣回预拨资金	此次实际扣回预拨资金	本次实际安排资金
			小计	2019年	2020年			
16	湖南	合计	122338	40130	82208	79212	64076	58262
		比亚迪汽车工业有限公司长沙分公司	90034	15505	74529	45462	45462	44572
		湖南中车时代电动汽车股份有限公司	26176	22494	3682	13216	13216	12960
		长沙中联重科环境产业有限公司	4998	1866	3132	4268	4268	730
		中车时代电动汽车股份有限公司	1130	265	865	16266	1130	0
17	广东	合计	177648	40181	137467	175820	170966	6682
		东莞中汽宏远汽车有限公司	12895	12895	0	10602	10602	2293
		广汽乘用车有限公司	107579	12570	95009	111899	107579	0
		广汽丰田汽车有限公司	23334	6660	16674	22153	22153	1181
		肇庆小鹏新能源投资有限公司	24746	0	24746	25280	24746	0
		珠海广通汽车有限公司	9094	8056	1038	5886	5886	3208

续表

序号	地区	企业名称	核定补助资金			此前待扣回预拨资金	此次实际扣回预拨资金	本次实际安排资金
			小计	2019 年	2020 年			
18	深圳	合计	68787	14715	54072	118099	68787	0
		比亚迪汽车工业有限公司	68787	14715	54072	118099	68787	0
19	广西	合计	30277	190	30087	40508	30277	0
		上汽通用五菱汽车股份有限公司	30277	190	30087	40508	30277	0
20	重庆	合计	52092	42803	9289	67284	52092	0
		华晨鑫源重庆汽车有限公司	2745	1734	1011	4271	2745	0
		重庆瑞驰汽车实业有限公司	9694	6780	2914	11790	9694	0
		重庆长安汽车股份有限公司	39653	34289	5364	51223	39653	0
21	四川	合计	17423	17182	241	17942	14067	3356
		成都广通汽车有限公司	7980	7819	161	4624	4624	3356
		吉利四川商用车有限公司	9443	9363	80	13318	9443	0
22	贵州	合计	6281	5478	803	2543	2543	3738
		奇瑞万达贵州客车股份有限公司	6281	5478	803	2543	2543	3738
23	陕西	合计	150800	76533	74267	137373	137373	13427
		比亚迪汽车有限公司	150267	76104	74163	137103	137103	13164
		陕西汽车集团股份有限公司	533	429	104	270	270	263

附件3：

2019－2021年度新能源汽车推广应用
补助资金预拨汇总表

单位：万元

序号	地区	企业名称	本次核定预拨资金	此前待扣回预拨资金	本次实际安排预拨资金
		总计	1319774	290273	1029501
1	北京	合计	33334	4516	28818
		北京北方华德尼奥普兰客车股份有限公司	0	1446	－1446
		北京华林特装车有限公司	0	0	0
		北京汽车股份有限公司	11666	0	11666
		北京现代汽车有限公司	0	1130	－1130
		北京新能源汽车股份有限公司	10872	0	10872
		北汽福田汽车股份有限公司	10796	1722	9074
		航天新长征电动汽车技术有限公司	0	218	－218
2	天津	合计	3738	3866	－128
		国宏汽车集团有限公司	0	2	－2
		国能新能源汽车有限责任公司	0	4	－4
		天津比亚迪汽车有限公司	0	2683	－2683
		天津一汽丰田汽车有限公司	3738	1037	2701
		天津一汽夏利汽车股份有限公司	0	140	－140

续表

序号	地区	企业名称	本次核定预拨资金	此前待扣回预拨资金	本次实际安排预拨资金
3	河北	合计	79202	1722	77480
		保定长安客车制造有限公司	1177	641	536
		河北红星汽车制造有限公司	0	0	0
		河北长安汽车有限公司	2059	653	1406
		河北中兴汽车制造有限公司	0	428	−428
		领途汽车有限公司	0	0	0
		长城汽车股份有限公司	75966	0	75966
4	山西	合计	14268	8642	5626
		成都大运汽车集团有限公司	0	963	−963
		大运汽车股份有限公司	0	0	0
		山西成功汽车制造有限公司	0	0	0
		山西新能源汽车工业有限公司	14268	7679	6589
		浙江豪情汽车制造有限公司山西分公司	0	0	0
5	辽宁	合计	0	1319	−1319
		丹东黄海汽车有限责任公司	0	0	0
		华晨宝马汽车有限公司	0	1006	−1006
		华晨雷诺金杯汽车有限公司	0	3	−3
		沈阳金杯车辆制造有限公司	0	310	−310
6	大连	合计	0	0	0
		一汽客车（大连）有限公司	0	0	0
7	吉林	合计	44547	17299	27248
		一汽－大众汽车有限公司	23975	4079	19896
		一汽吉林汽车有限公司	0	252	−252

续表

序号	地区	企业名称	本次核定预拨资金	此前待扣回预拨资金	本次实际安排预拨资金
7	吉林	一汽延边现通汽车有限责任公司	0	72	−72
		中国第一汽车集团有限公司	20572	12896	7676
8	黑龙江	合计	0	234	−234
		大庆沃尔沃汽车制造有限公司	0	58	−58
		哈尔滨龙江客车制造有限公司	0	81	−81
		哈尔滨通联客车有限公司	0	0	0
		黑龙江龙华汽车有限公司	0	95	−95
9	上海	合计	232539	40744	191795
		上海汽车集团股份有限公司	60166	170	59996
		上海申龙客车有限公司	0	22612	−22612
		上海申沃客车有限公司	5673	2555	3118
		上海万象汽车制造有限公司	2909	1358	1551
		上汽大通汽车有限公司	4309	2015	2294
		上汽大众汽车有限公司	21778	1710	20068
		上汽通用汽车有限公司	16202	10324	5878
		特斯拉（上海）有限公司	121502	0	121502
10	江苏	合计	20574	5676	14898
		北汽（常州）汽车有限公司	0	0	0
		北汽（镇江）汽车有限公司	0	614	−614
		北汽新能源汽车常州有限公司	0	253	−253
		比亚迪汽车工业有限公司南京分公司	0	0	0

序号	地区	企业名称	本次核定预拨资金	此前待扣回预拨资金	本次实际安排预拨资金
10	江苏	东风悦达起亚汽车有限公司	0	436	−436
		江苏奥新新能源汽车有限公司	0	434	−434
		江苏常隆客车有限公司	0	0	0
		江苏登达汽车有限公司	0	16	−16
		江苏九龙汽车制造有限公司	0	0	0
		江苏卡威汽车工业集团股份有限公司	0	90	−90
		江苏陆地方舟新能源车辆股份有限公司	0	0	0
		江苏银宝专用车有限公司	0	0	0
		江苏友谊汽车有限公司	0	234	−234
		金龙联合汽车工业（苏州）有限公司	7826	155	7671
		南京金龙客车制造有限公司	9902	0	9902
		南京汽车集团有限公司	0	0	0
		南京市公共交通车辆厂	0	358	−358
		南京特种汽车制配厂有限公司	0	67	−67
		苏州益茂电动客车有限公司	0	660	−660
		潍柴（扬州）亚星新能源商用车有限公司	0	43	−43
		新日（无锡）发展有限公司	0	10	−10
		扬州亚星客车股份有限公司	2846	0	2846
		重庆理想汽车有限公司	0	2306	−2306
		重庆理想智造汽车有限公司	0	0	0

续表

序号	地区	企业名称	本次核定预拨资金	此前待扣回预拨资金	本次实际安排预拨资金
11	浙江	合计	74909	12737	62172
		比亚迪汽车工业有限公司杭州分公司	0	0	0
		东风裕隆汽车有限公司	0	215	−215
		广汽乘用车（杭州）有限公司	0	2900	−2900
		广州汽车集团乘用车（杭州）有限公司	0	0	0
		杭州长江汽车有限公司	9320	1264	8056
		合众新能源汽车有限公司	0	0	0
		湖南江南汽车制造有限公司永康众泰分公司	0	1020	−1020
		金华青年汽车制造有限公司	0	3240	−3240
		零跑汽车有限公司	13976	0	13976
		万向集团公司	0	288	−288
		威马汽车制造温州有限公司	17707	3016	14691
		浙江飞碟汽车制造有限公司	0	737	−737
		浙江豪情汽车制造有限公司	33011	0	33011
		浙江普朗特电动汽车有限公司	0	13	−13
		浙江新吉奥汽车有限公司	895	0	895
		中汽商用汽车有限公司（杭州）	0	44	−44
12	宁波	合计	6534	19	6515
		宁波杉杉汽车有限公司	0	12	−12
		浙江宝成机械科技有限公司	0	7	−7
		浙江吉利汽车有限公司	6534	0	6534
		浙江中车电车有限公司	0	0	0

续表

序号	地区	企业名称	本次核定预拨资金	此前待扣回预拨资金	本次实际安排预拨资金
13	安徽	合计	154013	30174	123839
		安徽安凯汽车股份有限公司	6241	85	6156
		安徽华菱汽车有限公司	0	222	−222
		安徽江淮汽车集团股份有限公司	92508	12610	79898
		安徽猎豹汽车有限公司	0	4135	−4135
		安徽鑫盛汽车制造有限公司	0	81	−81
		安徽星凯龙客车有限公司	0	0	0
		安庆安达尔汽车制造有限公司	0	1	−1
		合肥长安汽车有限公司	8083	6888	1195
		奇瑞汽车股份有限公司	0	598	−598
		奇瑞商用车（安徽）有限公司	7368	2793	4575
		奇瑞新能源汽车股份有限公司	39813	0	39813
		芜湖宝骐汽车制造有限公司	0	2761	−2761
		芜湖中骐汽车制造有限公司	0	0	0
14	福建	合计	1223	1803	−580
		东南（福建）汽车工业有限公司	0	1083	−1083
		福建省汽车工业集团云度新能源汽车股份有限公司	0	0	0
		福建新福达汽车工业有限公司	0	0	0
		福建新龙马汽车股份有限公司	1223	720	503
15	厦门	合计	14796	1037	13759
		厦门金龙联合汽车工业有限公司	9115	1037	8078
		厦门金龙旅行车有限公司	5681	0	5681

续表

序号	地区	企业名称	本次核定预拨资金	此前待扣回预拨资金	本次实际安排预拨资金
16	江西	合计	1656	13370	−11714
		安源客车制造有限公司	0	151	−151
		赣州汽车改装厂	0	187	−187
		汉腾汽车有限公司	0	12	−12
		江铃控股有限公司	0	847	−847
		江铃汽车股份有限公司	0	0	0
		江西博能上饶客车有限公司	0	1450	−1450
		江西昌河汽车有限责任公司	1656	4449	−2793
		江西江铃集团晶马汽车有限公司	0	242	−242
		江西江铃集团新能源汽车有限公司	0	5369	−5369
		江西江铃汽车集团改装车股份有限公司	0	66	−66
		江西凯马百路佳客车有限公司	0	415	−415
		江西宜春客车厂有限公司	0	2	−2
		江西志骋汽车有限责任公司	0	100	−100
		江西中城通达新能源装备有限公司	0	80	−80
17	山东	合计	9583	5354	4229
		聊城中通新能源汽车装备有限公司	0	4	−4
		荣成华泰汽车有限公司	0	742	−742
		山东凯马汽车制造有限公司	0	0	0
		山东蓝诺汽车有限公司	0	0	0
		山东唐骏欧铃汽车制造有限公司	0	0	0

续表

序号	地区	企业名称	本次核定预拨资金	此前待扣回预拨资金	本次实际安排预拨资金
17	山东	山东沂星电动汽车有限公司	0	659	−659
		烟台舒驰客车有限责任公司	0	0	0
		中国重汽集团济南豪沃客车有限公司	0	0	0
		中国重汽集团济南商用车有限公司	0	24	−24
		中国重型汽车集团寿光泰丰专用汽车有限公司	0	42	−42
		中国重型汽车集团有限公司	0	3880	−3880
		中通客车控股股份有限公司	9583	0	9583
		淄博舜泰汽车制造有限公司	0	3	−3
18	青岛	合计	0	922	−922
		一汽解放青岛汽车有限公司	0	922	−922
19	河南	合计	39825	273	39552
		安阳市德力专用汽车有限公司	0	256	−256
		海马汽车有限公司	0	0	0
		海马新能源汽车有限公司	0	6	−6
		河南森源重工有限公司	0	11	−11
		郑州日产汽车有限公司	1911	0	1911
		郑州宇通客车股份有限公司	37914	0	37914
		郑州宇通重工有限公司	0	0	0
20	湖北	合计	46015	12635	33380
		东风本田汽车有限公司	6391	0	6391
		东风汽车公司	0	0	0
		东风汽车股份有限公司	9628	1731	7897

续表

序号	地区	企业名称	本次核定预拨资金	此前待扣回预拨资金	本次实际安排预拨资金
20	湖北	东风汽车集团有限公司	22705	0	22705
		东风汽车有限公司	7291	0	7291
		东风特种汽车有限公司	0	9	−9
		东风小康汽车有限公司	0	4651	−4651
		合加新能源汽车有限公司	0	1	−1
		湖北东润汽车有限公司	0	56	−56
		湖北三环汽车有限公司	0	1116	−1116
		湖北世纪中远车辆有限公司	0	2433	−2433
		湖北新楚风汽车股份有限公司	0	0	0
		武汉客车制造股份有限公司	0	134	−134
		襄阳九州汽车有限公司	0	793	−793
		扬子江汽车集团有限公司	0	1711	−1711
21	湖南	合计	11629	17907	−6278
		比亚迪汽车工业有限公司长沙分公司	0	0	0
		常德中车新能源汽车有限公司	0	129	−129
		大汉汽车集团有限公司	0	11	−11
		广汽三菱汽车有限公司	0	391	−391
		衡阳客车专用车厂	0	716	−716
		湖南江南汽车制造有限公司	0	0	0
		湖南猎豹汽车股份有限公司	0	1171	−1171
		湖南中车时代电动汽车股份有限公司	0	0	0
		长沙梅花汽车制造有限公司	0	353	−353
		长沙中联重科环境产业有限公司	0	0	0
		中车时代电动汽车股份有限公司	11629	15136	−3507

续表

序号	地区	企业名称	本次核定预拨资金	此前待扣回预拨资金	本次实际安排预拨资金
22	广东	合计	123026	7962	115064
		北汽（广州）汽车有限公司	0	545	−545
		东莞中汽宏远汽车有限公司	0	0	0
		佛山市飞驰汽车制造有限公司	0	2487	−2487
		广东圣宝汽车实业有限公司	0	76	−76
		广汽乘用车有限公司	83807	4320	79487
		广汽丰田汽车有限公司	6843	0	6843
		广州广汽比亚迪新能源客车有限公司	2969	0	2969
		广州汽车集团乘用车有限公司	0	0	0
		肇庆小鹏新能源投资有限公司	27492	534	26958
		珠海广通汽车有限公司	1915	0	1915
		珠海市广通客车有限公司	0	0	0
23	深圳	合计	171666	51924	119742
		比亚迪汽车工业有限公司	171666	49312	122354
		深圳东风汽车有限公司	0	0	0
		深圳开沃汽车有限公司	0	2006	−2006
		深圳市五洲龙汽车股份有限公司	0	606	−606
24	广西	合计	29972	23060	6912
		东风柳州汽车有限公司	13279	11003	2276
		东风汽车集团有限公司	0	0	0
		广西汽车集团有限公司	2756	1625	1131
		广西申龙汽车制造有限公司	0	0	0
		桂林客车工业集团有限公司	0	28	−28
		柳州五菱汽车工业有限公司	0	173	−173

序号	地区	企业名称	本次核定预拨资金	此前待扣回预拨资金	本次实际安排预拨资金
24	广西	柳州延龙汽车有限公司	0	0	0
		上汽通用五菱汽车股份有限公司	13937	10231	3706
25	重庆	合计	75503	17591	57912
		华晨鑫源重庆汽车有限公司	2557	1526	1031
		庆铃汽车股份有限公司	0	240	−240
		潍柴（重庆）汽车有限公司	0	0	0
		长安福特汽车有限公司	0	126	−126
		重庆恒通客车有限公司	0	217	−217
		重庆金康新能源汽车有限公司	3600	1459	2141
		重庆力帆乘用车有限公司	0	0	0
		重庆力帆汽车有限公司	0	22	−22
		重庆瑞驰汽车实业有限公司	6186	2096	4090
		重庆穗通新能源汽车制造有限公司	0	335	−335
		重庆长安汽车股份有限公司	63160	11570	51590
26	四川	合计	8434	7212	1222
		成都广通汽车有限公司	0	0	0
		成都客车股份有限公司	0	0	0
		成都雅骏汽车制造有限公司	0	1417	−1417
		吉利四川商用车有限公司	8434	3875	4559
		四川国宏汽车有限公司	0	11	−11
		四川南骏汽车集团有限公司	0	2	−2
		四川省客车制造有限责任公司	0	0	0
		四川新筑通工汽车有限公司	0	32	−32
		四川野马汽车股份有限公司	0	1875	−1875
		中植一客成都汽车有限公司	0	0	0

序号	地区	企业名称	本次核定预拨资金	此前待扣回预拨资金	本次实际安排预拨资金
27	贵州	合计	0	602	−602
		贵州贵航云马汽车工业有限责任公司	0	4	−4
		贵州航天成功汽车制造有限公司	0	598	−598
		贵州长江汽车有限公司	0	0	0
		奇瑞万达贵州客车股份有限公司	0	0	0
28	云南	合计	562	978	−416
		昆明客车制造有限公司	0	427	−427
		一汽红塔云南汽车制造有限公司	0	84	−84
		云南航天神州汽车有限公司	562	467	95
		云南五龙汽车有限公司	0	0	0
29	陕西	合计	122226	695	121531
		比亚迪汽车有限公司	122226	0	122226
		陕西汉中客车有限公司	0	0	0
		陕西汽车集团有限责任公司	0	0	0
		陕西秦星汽车有限责任公司	0	695	−695
		陕西通家汽车股份有限公司	0	0	0
		陕西跃迪新能源汽车有限公司	0	0	0
30	甘肃	合计	0	0	0
		兰州知豆电动汽车有限公司	0	0	0

附件4：

2016－2019 年度充电基础设施奖励资金汇总表

单位：万元

序号	地区	2016 年	2017 年	2018 年	2019 年	合计
	总计	12000	249370	212600	126500	600470
1	北京	0	14000	16000	18000	48000
2	天津	0	12700	10400	0	23100
3	山西	12000	0	0	0	12000
4	内蒙古	0	3530	0	0	3530
5	辽宁	0	7730	3600	4200	15530
6	吉林	0	4650	3600	0	8250
7	黑龙江	0	11650	3600	4200	19450
8	上海	0	14000	16000	11500	41500
9	江苏	0	14000	16000	0	30000
10	浙江	0	14000	16000	18000	48000
11	安徽	0	14000	16000	8000	38000
12	福建	0	14000	16000	8000	38000
13	江西	0	13100	6700	0	19800
14	河南	0	14000	16000	8000	38000
15	湖北	0	14000	6700	8000	28700
16	湖南	0	14000	16000	8000	38000
17	广东	0	14000	16000	18000	48000
18	广西	0	9410	3600	4200	17210

续表

序号	地区	2016 年	2017 年	2018 年	2019 年	合计
19	重庆	0	7170	3600	0	10770
20	四川	0	14000	16000	4200	34200
21	云南	0	6050	3600	0	9650
22	陕西	0	13050	3600	4200	20850
23	甘肃	0	6330	3600	0	9930

附件 5：

2022 年度节能减排补助资金绩效目标表

项目名称	节能减排补助资金	
主管部门	有关省（区、市）工业和信息化主管部门、财政厅（局）	
项目资金 （万元）	年度资金总额：	1962630.00
	其中：本年一般公共预算拨款	1962630.00
	其他资金	

总体目标	1. 支持符合补贴政策要求的新能源汽车产品推广应用，进一步扩大新能源汽车产品消费； 2. 稳步推进新能源汽车充电基础设施建设，促进新能源汽车产业健康平稳发展； 3. 各部门紧密配合，不断加强财政资金监管合力，确保财政资金高效安全使用。			
	一级指标	二级指标	三级指标	指标值
绩效指标	产出指标	质量指标	有运营里程要求的车辆满足要求比例	100%
			车辆纳入新能源汽车国家监管平台比例	100%
			车辆技术参数与新能源汽车推广应用推荐车型目录参数一致性	100%
			奖励资金用于充电（加氢）基础设施建设、运营比例	100%
		数量指标	交回财政资金数	100%

续表

绩效指标	一级指标	二级指标	三级指标	指标值
	效益指标	经济效益指标	产业低碳化	显著提升
		社会效益指标	资源节约	显著提升
			财政资金管理水平	有所提升
		生态效益指标	节能减排效果	有所提升
	满意度指标	用户满意度	受益企业、群众满意度	≥90%

农业农村部　财政部关于做好 2022 年农业生产发展等项目实施工作的通知

（农计财发〔2022〕13 号）

各省、自治区、直辖市及计划单列市农业农村（农牧）、畜牧兽医、渔业厅（局、委）、财政厅（局），新疆生产建设兵团农业农村局、财政局，北大荒农垦集团有限公司、广东省农垦总局，农业农村部有关直属单位：

为深入贯彻落实党的十九届六中全会以及中央经济工作会议、中央农村工作会议精神，按照中央 1 号文件部署要求，2022 年中央财政安排农业生产发展资金、农业资源及生态保护补助资金、动物防疫等补助经费、渔业发展补助资金，支持深化农业供给侧结构性改革，加快农业农村现代化建设，全面推进乡村振兴。为指导各地做好项目实施工作，确保政策有效落实，现将有关事项通知如下。

一、总体思路

坚持以习近平新时代中国特色社会主义思想为指导，贯彻落实党中央、国务院关于三农工作重大决策部署，坚持稳字当头、稳中求进，按照保供固安全、振兴畅循环的工作定位，重点围绕粮食生产稳面积提产能、产业发展稳基础提效益、乡村建设稳步伐提质量、农民收入稳势头提后劲，调整优化存量、统筹安排增量，强化政策引导、改革完善实施方式，做到政策总体保持稳定、重点任务保障充分、重大试点落实有效，助力牢牢守住保障国家粮食安全和不发生规模性返贫两条底线，推动乡村振兴取得新进展、农业农村现代化迈出新步伐。项目资金安排突出三个导向：一是突出重点领域，着力支持提升粮食和大豆油料等重要农产品供给保障能力，强化现代农业基础支撑，促进乡村产业融合，推进农业绿色发展。二是突出统筹衔接，根据项目各自政策目标和功能属性，科学推进政策统筹、任务统筹、资金统筹，优化支出结构，促进衔接配套，提高资金效益，形成政策合力，集中资金办大事。三是突出创新引导，完善"大专项＋任务清单"管理方式，强化以绩效评价结果为导向的项目和资金安排机制，压实地方投入责任，撬动金融和社会资本投入，引导农民和新型农业经营主体主动参与，扩大农业农村有效投资。

二、重点任务

（一）全力保障粮食和油料等重要农产品有效供给。深入实施"藏粮于地、藏粮于技"战略，加大粮食、油料生产政策扶持力度，统筹推进小麦促壮稳产、水稻集中育秧，千方百计稳定粮食生产，多油并举提升油料产能。促进畜牧业稳定健康发展，推进渔业绿色发展，统筹抓好蔬菜、棉糖胶等生产。

（二）加强耕地保护、种业振兴、农机装备支撑保障。稳定实施耕地地力保护补贴政策，强化东北黑土地保护，扩大保护性耕作面积，推进耕地保护与质量提升。开展土壤普查试点。实施畜禽良种补贴，稳定支持国家级畜禽遗传资源保护，开展生产性能测定，持续提高品种选育水平，提升我国畜禽种业核心竞争力。加快推进农机装备补短板，推进农业用北斗终端及辅助驾驶系统的应用，开展农机研发制造推广应用一体化试点。

（三）大力推动农业产业融合发展和乡村人才振兴。聚焦稳产保供目标任务，统筹布局建设一批国家现代农业产业园、优势特色产业集群、农业产业强镇。统筹推进农业现代化示范区建设。培育高素质农民，实施乡村产业振兴带头人培育"头雁"项目，培育一批乡村产业振兴带头人，加快推进农业社会化服务，引领带动小农户发展。

（四）推进农业资源保护利用和绿色转型发展。深化落实以绿色生态为导向的农业补贴制度改革，推进农业绿色发展体制机制创新，切实保护耕地、草原和水生生物等资源。强化农业生态环境治理，提高地膜科学使用回收水平，促进农作物秸秆综合利用，稳步推进绿色种养循环农业试点。

（五）支持脱贫地区乡村特色产业发展壮大。贯彻落实党中央、国务院关于实现巩固拓展脱贫攻坚成果同乡村振兴有效衔接的决策部署，支持脱贫地区发展壮大特色优势富民产业，完善产业发展支撑保障和设施条件，提升全产业链发展水平，培育壮大新型农业经营主体，健全联农带农富农机制。相关资金项目继续向脱贫县倾斜。

三、强化政策落实与监督评价

（一）推进统筹使用。落实和完善"大专项＋任务清单"

管理方式，切实提升政策的精准性、指向性和实效性。约束性任务补助资金不得统筹使用。各省（自治区、直辖市）在完成任务清单及绩效目标的基础上，可在大专项内部统筹安排指导性任务补助资金，但不得跨转移支付项目整合资金、不得超出任务清单范围安排资金、不得将中央财政资金切块用于省级及以下地方性政策任务。安排给 832 个脱贫县（原国家扶贫开发工作重点县和连片特困地区县）的资金，按照财政部等 11 部门《关于继续支持脱贫县统筹整合使用财政涉农资金工作的通知》（财农〔2021〕22 号）执行。鼓励各地按规定利用现有资金渠道，强化政策衔接配合，推动相关项目在实施过程中统筹。

（二）细化实施方案。省级农业农村、财政部门要按要求抓紧组织编制省级实施方案，明确实施条件、补助对象、补助水平、实施要求和监管措施。要因地制宜研究确定补助方式，鼓励采取政府购买服务、先建后补、以奖代补等支持方式，积极探索适应不同主体、更加科学有效的支持模式。各省（自治区、直辖市）在编制实施方案过程中，要加强与农业农村部、财政部沟通，于 2022 年 6 月 30 日前正式印发并以省级农业农村、财政部门联合发文形式报农业农村部、财政部备案，同时，将农业生产发展等项目实施方案和资金安排情况按规定同步上报农业农村部转移支付管理平台。

（三）强化政策公开。省级农业农村、财政部门要及时将中央财政支农政策和省级实施方案向社会发布，督促指导基层农业农村、财政部门按规定程序加强涉农补贴申报信息公开，简化申报流程，公开申报指南，保障涉农主体知情权和选择权，有关信息公开渠道和查询方式报农业农村部、财政部备案。要做好拟补助对象、资金安排等信息公开公示工作，广泛接受社会监督。要通过多种渠道方式宣传解读政策，使广大农民群众、新型农业经营主体和基层干部准确理解掌握政策内容，积极营造有利于政策落实的良好氛围。

（四）严格过程管控。地方各级农业农村、财政部门要加强项目执行定期调度和督促指导，及时掌握项目执行和资金使用情况。省级农业农村、财政部门要加强日常监督管理，创新工作方式，及时妥善处理项目执行中的问题，重大事项要及时向农业农村部、财政部报告。各省（自治区、直辖市）自2022年7月起每月通过农业农村部转移支付管理平台上报资金执行情况，2023年1月31日前报送项目实施总结报告，按要求报送有关基础数据。各省（自治区、直辖市）要确保各项数据的真实性、准确性和完整性，有关数据材料报送情况纳入相关资金的绩效评价范围。

（五）加强资金监管。各省（自治区、直辖市）财政、农业农村部门要认真落实财政部等七部门联合印发的《关于进一步加强惠民惠农财政补贴资金"一卡通"管理的指导意见》，规范补贴资金代发金融机构，加强惠农财政补贴资金发放管理。各级财政、农业农村部门要切实加强资金监管，不得受理以中介机构名义直接代理申报的资金项目，上下级和同级政府相关部门之间的申报材料不得通过中介机构运转，不得将财政补助资金用于支付中介费用。

（六）深化绩效管理。省级财政、农业农村部门要按照《农业相关转移支付资金绩效管理办法》，进一步建立健全本区域项目绩效评价机制，将政策目标实现情况、任务清单完成情况、资金使用管理情况等纳入指标体系，严格奖惩措施，全面评估、考核政策落实情况。农业农村部和财政部将采取绩效监控与抽查复核相结合的方式，重点评价资金安排规范性、资金执行进度、信息报送以及地方财政投入、社会资本投入等情况，并组织对重点任务、重点地区进行绩效考评。对违反规定统筹中央财政资金用于地方性任务的，中央财政将在安排下年度资金时予以扣减。对由中介机构直接代理申报项目、将财政补助资金用于支付中介费用的，一经查实，项目支持对象列入黑名单，有关县（市、区）暂停安排实施该项目。

附件：1. 农业生产发展资金项目实施方案

2. 农业资源及生态保护补助资金项目实施方案

3. 动物防疫等补助经费项目实施方案

4. 渔业发展补助资金项目实施方案

农业农村部　财政部

2022 年 5 月 9 日

附件1：

农业生产发展资金项目实施方案

中央财政农业生产发展资金主要用于对农民直接补贴，以及支持农业绿色发展与技术服务、农业经营方式创新、农业产业发展等方面工作。

一、稳定实施直接补贴政策

（一）稳定实施耕地地力保护补贴。认真执行《财政部、农业部关于全面推开农业"三项补贴"改革工作的通知》（财农〔2016〕26号）和《财政部办公厅、农业农村部办公厅关于进一步做好耕地地力保护补贴工作的通知》（财办农〔2021〕11号）要求，继续稳定实施耕地地力保护补贴政策。严格落实国家关于耕地用途管制的相关规定，加大耕地使用情况的核实力度，对已作为畜牧养殖场使用的耕地、林地、草地、成片粮田转为设施农业用地的耕地、非农业征（占）用耕地等已改变用途的耕地不得再给予补贴，对抛荒一年以上的，取消次年补贴资格。按照严格落实耕地利用优先序要求，进一步强化耕地地力保护补贴政策导向，建立健全耕地地力保护补贴发放与耕地执法监督检查联动机制，坚决遏制耕地"非农化"、基本农田"非粮化"。按照直达资金管理要求，加强部门协作，完善政策制度，优化工作流程，规范管理方式，做好政策宣传，确保政策稳定实施。做好直达资金监控系统标准化录入表格衔接工作，具备条件的地区做好"一卡通"系统与直达资金监控系统对接。用好直达资金监控系统，加强资金监管，逐步构建形成补贴大数据管理系统，提升补贴发放的规范性、精准性和时效性。严防补贴资金"跑冒滴漏"，对骗取、贪污、挤占、挪用或违规发放等行为，依法依规严肃处理。

（二）发放实际种粮农民一次性补贴。认真执行《财政部关于下达 2022 年实际种粮农民一次性补贴资金预算的通知》（财农〔2022〕16 号）有关要求，尽快将补贴发放到实际种粮农民手中。各级财政、农业农村部门要进一步完善工作机制，明确责任分工，密切沟通协作，形成工作合力。完善管理制度，简化工作流程，加快拨付进度，不得以任何理由滞拨滞留资金。梳理资金拨付流程，建立定期调度制度，跟踪资金拨付进展情况，做好执行分析，发放情况及时上报转移支付管理平台。加强"一卡通"基础数据的维护与更新，及时向代发银行同步发送账户明细，确保补贴真正发放到实际种粮农民手中。对因基础信息有误而造成发放失败的，及时根据银行反馈数据更正信息，严禁以拨作支，在"一卡通"代发专户形成沉淀。

（三）实施农机购置与应用补贴政策。在落实《农业农村部办公厅、财政部办公厅关于印发〈2021—2023 年农机购置补贴实施指导意见〉的通知》（农办计财〔2021〕8 号）要求基础上，开展农机购置与应用补贴试点，探索创新以机具应用为前提的补贴资金兑付方式。开展农机研发制造推广应用一体化试点，加快大型高端智能农机、丘陵山区先进适用小型小众机械、打包采棉机等短板弱项机具创制与北斗智能监测终端及辅助驾驶系统集成应用，促进农机产业自主安全可控和高质量发展。着力推进补贴机具有进有出、优机优补、补短强弱、奖优罚劣，重点支持粮食烘干、履带式作业、玉米大豆带状复合种植、油菜收获等专用机具和丘陵山区小型适用机具，大力推广现代种养业和智慧农业发展急需的成套设施装备。逐步降低区域内保有量明显过多、技术相对落后机具品目（档次）的补贴额，或退出补贴范围，其中轮式拖拉机补贴额测算比例降低至20%以下。支持将粮油作物生产机械化薄弱环节、玉米大豆带状复合种植所需创新产品和成套设施装备纳入补贴试点，按规定适当提高补贴标准，且相关机具不占用农机新产品试点的资金规模及品目指标，省域内提高补贴额测算比例机具累计不超过10个品目。深化农机产品认证证书在补贴机具资质采信中的运用，强化拖拉机、植保无人驾驶航空器、北斗终端等重点、新型补贴机具资质要求，并可采信认证证书和第三方检测报告作为投档依据，积极探索区域一体化投档资料形式审核和补贴额测算比例提高、实施地方累加补贴、新进补贴范围等重点监管机具现场演示评价，从严整治提供不实投档资料、虚开发票、虚构报补等较重及以上违规行为，引导企业规范参与补贴政策实施，切实提高产品质量和制造水平。抓实抓细高价值、高补贴额度和累加补贴机具的监督管理，严禁将补贴额与机具价格直接挂钩，强化风险评估和应急处置，大力推动二维码识别、手机 App 申请、物联网监测等信息化措施落地见效。依法落实省级财政支出责任，共同保障补贴资金需求，对支出责任履行不到位的省份，将纳入绩效评价并相应扣减下年度中央财政资金。认真落实补贴申请审核、补贴资金兑付等限时办理规定，切实加快补贴资金兑付，保障农民合法权益。

二、持续推进农业绿色发展

（一）实施重点作物绿色高质高效行动。聚焦围绕粮食和大豆油料作物，推行种植品种、肥水管理、病虫防控、技术指导和机械作业"五统一"，集成推广新技术、新品种、新机具，打造一批优质强筋弱筋专用小麦、优质食味稻和专用加工早稻、高产优质玉米的粮食示范基地，同时集成示范推广高油高蛋白大豆、"双低"油菜、高油高油酸花生等优质品种和区域化、标准化高产栽培技术模式，打造一批大豆油料高产攻关田，示范带动大范围均衡增产。选择适宜地区开展盐碱地大豆高质高效种植示范，挖掘扩种潜力。适当兼顾蔬菜等经济作物，建设绿色高质高效样板田和品质提升基地。

（二）深化基层农技推广体系改革与建设。利用国家现代农业科技展示基地等平台载体，聚焦粮食稳产增产、大豆油料扩种、农产品有效供给等重点，根据不同区域自然条件和生产方式，示范推广重大引领性技术和农业主推技术，推动农业科技在县域层面转化应用。继续实施农业重大技术协同推广，激发各类推广主体活力，建立联动推广机制。继续实施农技推广特聘计划，通过政府购买服务等方式，从乡土专家、新型农业经营主体、种养能手中招募特聘农技（动物防疫）员。

三、发展壮大乡村产业

（一）加快推进农业产业融合发展。统筹布局建设一批国家现代农业产业园、优势特色产业集群和农业产业强镇。重点围绕保障国家粮食安全和重要农产品有效供给，聚焦稻谷、小麦、玉米、大豆、油菜、花生、牛羊、生猪、淡水养殖、天然橡胶、棉花、食糖、奶类、种业、设施蔬菜等重要农产品，适当兼顾其他特色农产品，构建以产业强镇为基础、产业园为引擎、产业集群为骨干，省县乡梯次布局、点线面协同推进的现代乡村产业体系，整体提升产业发展质量效益和竞争力。

（二）实施奶业振兴行动和畜禽健康养殖。一是整县推进奶业生产能力提升。择优支持奶业大县发展奶牛标准化规模养殖，推广应用先进智能设施装备，推进奶牛养殖和饲草料种植配套衔接，选择有条件的奶农、农民专业合作社依靠自有奶源开展养加一体化试点，示范带动奶业高质量发展。实施苜蓿发展行动，支持苜蓿种植、收获、运输、加工、储存等基础设施建设和装备提升，增强苜蓿等优质饲草料供给能力。二是实施粮改饲。以农牧交错带和黄淮海地区为重点，支持规模化草食家畜养殖场（户）、企业或农民专业合作社以及专业化饲草收储服务组织等主体，收储使用青贮玉米、苜蓿、饲用燕麦、黑麦草、饲用黑麦、饲用高粱等优质饲草，通过以养带种的方式加快推动种植结构调整和现代饲草产业发展。各地可根据当地养殖传统和资源情况，因地制宜将有饲用需求的区域特色饲草品种纳入范围。三是实施肉牛肉羊增量提质行动。进一步扩大项目实施范围，在吉林、山东、河南等19个省（自治区）选择产业基础相对较好的牛（羊）养殖大县，支持开展基础母牛扩群提质和种草养牛养羊全产业链发展。四是实施良种补贴。在主要草原牧区省份对项目区内使用良种精液开展人工授精的肉牛养殖场（户），以及购买优良种公畜进行繁殖的存栏能繁母羊30只以上、牦牛能繁母牛25头以上的养殖场（户）给予适当补助，支持牧区畜牧良种推广。在生猪大县对使用良种猪精液开展人工授精的生猪养殖场（户）给予适当补助，加快生猪品种改良。五是实施蜂业质量提升行动。支持蜜蜂遗传资源保护利用，改善养殖设施装备水平，支持蜂农开展防灾减灾，开展农作物高效蜂授粉试点。

（三）支持种业发展。鼓励地方探索以保促用、保用结合的资源保护利用方式，持续加强育种创新基础性工作，推动种业高质量发展。继续支持符合条件的国家畜禽遗传资源保种场、保护区和基因库等国家级畜禽遗传资源保护品种保护单位开展畜禽遗传资源保护，支持符合条件的国家畜禽核心育种场、种公畜站、奶牛生产性能测定中心等开展种畜禽和奶牛生产性能测定工作。

（四）推进地理标志农产品保护和发展。围绕生产标准化、产品特色化、身份标识化和全程数字化，完善相关标准和技术规范，支持开展地理标志农产品特色种质保存、特色品质保持和特征品质评价，推进全产业链生产标准化，挖掘农耕文化，加强宣传推介，强化质量安全监管和品牌打造，推动地理标志农产品产业发展。

四、大力培育新型农业经营主体

（一）提升新型农业经营主体技术应用和生产经营能力。支持县级及以上农民合作社示范社和示范家庭农场改善生产经营条件，规范财务核算，应用先进技术，推进社企对接，提升规模化、集约化、信息化生产能力。着力加大对从事粮食和大豆油料种植的家庭农场和农民专业合作社、联合社支持力度。鼓励各地加强新型农业经营主体辅导员队伍和服务中心建设，可通过政府购买服务方式，委托其为家庭农场和农民专业合作社提供技术指导、产业发展、财务管理、市场营销等服务。鼓励各地开展农民专业合作社质量提升整县推进。

（二）推广农业生产社会化服务。聚焦围绕粮食和大豆油料生产，支持符合条件的农民专业合作社、农村集体经济组织、专业服务公司和供销合作社等主体开展农业社会化服务，推动服务带动型规模经营发展。要根据资源禀赋、产业特点、劳动力转移程度、农业机械化水平和小农户生产需求等因素，因地制宜确定补助方式与标准，加强与其他农业生产支持政策的衔接配套，支持各类服务主体集中连片开展单环节、多环节、全程托管等服务，提高技术到位率、服务覆盖面和补贴精准性，推动节本增效和农民增收。推进北斗作业监测终端安装与应用，探索将监测数据作为作业补助面积核定、相关补贴资金发放等工作的重要参考依据。

（三）强化高素质农民培育。统筹推进新型农业经营主体能力提升、种养加能手技能培训、农村创新创业者培养、乡村治理及社会事业发展带头人培育。继续开展农村实用人才带头人和到村任职选调生培训。启动实施乡村产业振兴带头人培育"头雁"项目，打造一支与农业农村现代化相适应，能够引领一方、带动一片的乡村产业振兴带头人"头雁"队伍。

（四）稳步推进农产品产地冷藏保鲜设施建设。重点围绕蔬菜、水果等鲜活农产品，兼顾地方优势特色品种，合理布局建设农产品产地冷藏保鲜设施，加快补齐发展短板，提高设施运营效率。在实施区域上，在各省（自治区、直辖市）、新疆生产建设兵团实施，并择优支持蔬菜、水果等产业重点县开展整县推进。832个脱贫县可充分用好涉农资金统筹整合试点政策，通过中央财政衔接推进乡村振兴补助资金支持产地冷藏保鲜设施建设。在建设内容上，重点支持建设通风贮藏设施、机械冷藏库、气调冷藏库，以及预冷设施设备和其他配套设施设备，具体由主体根据实际需要确定类型和建设规模。在实施主体上，依托县级及以上示范家庭农场和农民专业合作社示范社、已登记的农村集体经济组织实施。在补助标准上，按照不超过建设设施总造价的30%进行补贴，单个主体补贴规模最高不超过100万元，具体补贴标准由地方制定。在操作方式上，采取"先建后补、以奖代补"的方式，各地利用农业农村部农产品产地冷藏保鲜设施建设项目管理系统进行管理，实行建设申请、审核、公示到补助发放全过程线上管理。

（五）推动全国农担体系健康可持续发展。坚持全国农担体系的政策性定位，优化完善补奖政策，健全"双控"和政策性任务确认机制，强化对"双控"业务量化考核，引导农担体系坚持聚焦主业，防范风险。加大对粮食和大豆油料生产、乡村产业发展等重点领域的支持力度，加强与政府部门、银行和其他担保机构的深度合作，助力农业经营主体信贷直通车常态化服务，提升数字化、信息化服务水平，加快发展首担、信用担。坚守底线思维，压实地方责任，探索通过标准风控模型、大数据预审等技术手段，加强项目管理，及时预警处置，在推动农担业务高质量发展中防范化解风险。

附件 2：

农业资源及生态保护补助资金项目实施方案

中央财政农业资源及生态保护补助资金主要用于耕地质量提升、渔业资源保护、草原生态保护补助奖励、农业废弃物资源化利用等方面的支出。

一、支持耕地质量提升

（一）加强耕地保护与质量提升。一是开展第三次全国土壤普查试点。在各省、自治区、直辖市及计划单列市开展土壤普查试点，在滨海、东北松嫩平原、黄淮海平原和西北内陆开展盐碱地普查，主要支持外业调查采样、内业测试化验、技术培训、专家指导服务、数据分析等。二是开展退化耕地和生产障碍耕地治理。选择部分耕地酸化、盐碱化较严重区域，试点集成推广施用土壤调理剂、绿肥还田、耕作压盐、增施有机肥等治理措施。在西南、华南等地区，因地制宜采取品种替代、水肥调控、农业废弃物回收利用等环境友好型农业生产技术，加强生产障碍耕地治理，克服农产品产地环境障碍，提升农产品质量安全水平。继续做好补充耕地质量评价试点工作。三是开展化肥减量增效示范。继续做好肥料田间试验、施肥情况调查、肥料利用率测算等基础性工作，提高肥料配方科学性和针对性，更好指导农民科学施肥。加大施肥新产品新技术新机具集成推广力度，优化测土配方施肥技术推广机制，扩大推广应用面积，进一步提高覆盖率。鼓励以东北黑土区为重点，因地制宜、规范有序推广应用根瘤菌剂等微生物菌剂，为大豆油料产能提升工程提供支撑。通过施用草木灰、叶面喷施、绿肥种植、增施有机肥等替代部分化肥投入，降低农民用肥成本。

（二）开展耕地深松。以提高土壤蓄水保墒能力为目标，支持在适宜地区开展深松（深耕）整地作业，促进耕地质量改善和农业综合生产能力提升。深松（深耕）作业深度一般要求达到或超过25厘米，每亩作业补助原则上不超过30元，具体技术模式、补助标准和作业周期由各地因地制宜确定。充分利用北斗作业监测手段保证作业质量，提高监管工作效率，鼓励扩大作业监测范围。

（三）推进东北黑土地保护利用和保护性耕作。继续聚焦黑土地保护重点县，集中连片开展东北黑土地保护利用，重点推广秸秆还田与"深翻+有机肥还田"等综合技术模式，开展国家黑土地保护工程标准化示范推广。坚持"稳步扩面、质量为先"，针对玉米、大豆、小麦等旱作作物，支持推广应用秸秆覆盖免（少）耕播种等关键技术，持续优化定型技术模式，稳步扩大实施面积，鼓励整乡整村整建制推进，加快高标准示范应用基地建设。

（四）实施耕地轮作休耕试点。立足资源禀赋、突出生态保护、实行综合治理，进一步探索科学有效轮作模式。在东北、黄淮海等地区实施粮豆轮作，在西北、黄淮海、西南和长江中下游等适宜地区推广玉米大豆带状复合种植，在长江流域实施"一季稻＋油菜""一季稻＋再生稻＋油菜"轮作，在双季稻区实施"稻稻油"轮作，在北方农牧交错区和新疆次宜棉区推广棉花、玉米等与花生轮作或间套作，既通过豆科作物轮作倒茬，发挥固氮作用，提升耕地质量，提高养分利用效率，又通过不同作物间轮作，降低病虫害发生，减少农药使用量，加快构建绿色种植制度，促进资源永续利用。同时，继续在河北地下水漏斗区、新疆塔里木河流域地下水超采区实施休耕试点，休耕期间重点采取土壤改良、地力培肥等措施，促进耕地质量恢复提升。

二、加强渔业资源养护

在流域性大江大湖、界江界河、资源衰退严重海域等重点水域开展渔业增殖放流，恢复水生生物资源。突出增殖放流的生态功能，适当增加长江流域珍贵、濒危水生生物放流数量，在适宜区域继续增殖放流经济物种。科学确定适宜增殖放流的重点水域和物种，原则上仅支持《农业农村部关于做好"十四五"水生生物增殖放流工作的指导意见》确定的放流物种。中央财政补助资金主要用于补助购买苗种、暂养、运输、后期跟踪监测和效果评估等放流苗种支出，其中用于补贴购买苗种的支出不少于90%。

三、实施第三轮草原生态保护补助奖励政策

按照《财政部、农业农村部、国家林草局关于印发〈第

三轮草原生态保护补助奖励政策实施指导意见〉的通知》（财农〔2021〕82号），扎实实施好草原生态保护补助奖励政策。资金进行专账管理，分账核算，专款专用。对农牧民的补助奖励资金，要通过"一卡通"或"一折通"等方式及时足额发放给农牧民，并在卡折中明确政策项目名称；按要求继续实施"一揽子"政策的地区，对支持草牧业发展的资金要按照项目管理的相关规定使用。资金发放严格实行村级公示制，接受群众监督。

四、强化农业废弃物资源化利用

（一）推进地膜科学使用回收。在河北、内蒙古、辽宁、山东、河南、四川、云南、甘肃、新疆等9省（区）和新疆生产建设兵团、北大荒农垦集团有限公司，支持引导农户、种植大户、农民专业合作社及生产回收企业等实施主体，科学推进加厚高强度地膜使用，有序推广全生物降解地膜。推广地膜高效科学覆盖技术，降低使用强度。严格补贴地膜准入条件，禁止使用不达标地膜。加快构建废旧地膜污染治理长效机制，有效提高地膜科学使用回收水平。

（二）促进农作物秸秆综合利用。以秸秆资源量较大的县（市、区）为重点实施区域，培育壮大秸秆利用市场主体，完善收储运体系，加强资源台账建设，健全监测评价体系，强化科技服务保障，培育推介一批秸秆产业化利用典型模式，形成可推广、可持续的产业发展模式和高效利用机制，提升秸秆综合利用水平。

（三）开展绿色种养循环农业试点。继续在符合条件的试点县整县开展绿色种养循环农业试点，支持企业、专业化服务组织等市场主体提供粪肥收集、处理、施用服务，带动县域内畜禽粪污基本还田，打通种养循环堵点，推动化肥减量化。项目县要统筹考虑区域内种养实际，围绕试点目标任务，进一步完善粪肥还田组织运行模式，创新工作机制，抢抓关键农时，加快粪肥还田，推广适宜技术，促进畜禽粪污资源化利用和农业绿色发展。

附件3：

动物防疫等补助经费项目实施方案

中央财政动物防疫等补助经费主要用于动物疫病强制免疫、强制扑杀和销毁、养殖环节无害化处理等三方面支出。具体实施要求按照《动物防疫等补助经费管理办法》《农业部办公厅、财政部办公厅关于印发〈动物疫病防控财政支持政策实施指导意见〉的通知》《农业农村部办公厅、财政部办公厅关于做好非洲猪瘟防控财政补助政策实施工作的通知》执行。

一、强制免疫补助。主要用于开展口蹄疫、高致病性禽流感、H7N9流感、小反刍兽疫、布病、包虫病等动物疫病强制免疫疫苗（驱虫药物）采购、储存、注射（投喂）及免疫效果监测评价、疫病监测和净化、人员防护等相关防控工作，对实施强制免疫和购买动物防疫服务等予以补助。2022年继续对符合条件的养殖场户实施强制免疫"先打后补"。各地要加强资金使用管理，提高免疫质量和政策成效，高致病性禽流感、口蹄疫、小反刍兽疫抗体合格率常年保持在70%以上。

二、强制扑杀和销毁补助。主要用于对在动物疫病预防、控制、净化、消灭过程中强制扑杀的动物、销毁的动物产品和相关物品的所有者给予补偿。纳入中央财政补助范围的疫病种类包括非洲猪瘟、口蹄疫、高致病性禽流感、H7N9流感、小反刍兽疫、布病、结核病、包虫病、马鼻疽和马传贫等。销毁的动物产品包括被动物疫病污染或可能被污染、存在动物疫病传播风险的猪肉、牛肉、羊肉、禽肉、马肉等肉类，鸡蛋等蛋类，牛奶等奶类；销毁的相关物品包括被动物疫病污染或可能被污染的、未拆包装的成品饲料。

三、养殖环节无害化处理补助。按照"谁处理补给谁"的原则，对承担养殖环节病死猪无害化处理任务的实施者给予补助。补助资金不得用于重大动物疫病扑杀畜禽、屠宰环节病死畜禽和病害畜禽产品无害化处理补助。各省（自治区、直辖市）要按照本区域无害化处理补助标准，统筹省市县资金安排，足额安排资金。要加快资金执行进度，中央和省级财政资金下达后，市县财政应在三个月内将补助资金给付到位，确保无害化处理体系有效运行。

附件 4：

渔业发展补助资金项目实施方案

中央财政渔业发展补助资金主要用于支持建设国家级海洋牧场、提升现代渔业装备设施和渔业基础公共设施、渔业绿色循环发展、渔业资源调查养护和国际履约能力提升等方面工作。具体实施要求按照《财政部、农业农村部关于实施渔业发展支持政策推动渔业高质量发展的通知》《渔业发展补助资金管理办法》《农业农村部办公厅、财政部办公厅关于开展渔业绿色循环发展试点工作的通知》以及《农业农村部办公厅、财政部办公厅关于做好 2021 年渔业发展补助政策实施工作的通知》等文件要求执行。

一、建设国家级海洋牧场

支持沿海省份符合条件的国家级海洋牧场建设，统筹考虑水生生物资源养护、水域生态环境修复、海洋水产品产出、休闲渔业发展等各项功能，重点发展以生态资本保值增值为基础的养护型海洋牧场，促进海洋渔业资源养护。按照"建管一体"的要求，统一谋划建设、运营和管护，明确管护主体和管护责任，建立长期有效的管护机制，切实发挥国家级海洋牧场典型示范和辐射带动作用。中央财政对部分第六批、第七批国家级海洋牧场示范区分年度进行适当补助，补助资金重点用于人工鱼礁、海藻种移植、信息化和管护平台等。

二、建设国家级沿海渔港经济区

着眼渔区乡村振兴，聚焦打造平安渔港、智慧渔港、绿色渔港、产业渔港、人文渔港，建设以中心渔港为核心的沿海渔港经济区。项目所在地要健全投入保障制度，统筹用好相关政策，创新投融资方式，统筹整合相关渠道资金，加大投入力度，加快形成财政引导、金融支持、社会积极参与的多元、多向投入格局。中央财政对沿海各地渔港经济区建设给予适当奖补。各地要按照"建管一体"的要求，统一谋划建设、运营和管护，合理确定管护主体，落实管护资金，压实管护责任。中央财政对通过中期评估的渔港经济区分年度给予适当补助，补助资金重点用于对渔港相关公益性基础设施进行更新改造和整治维护。

三、建设远洋渔业基地

围绕远洋渔业高质量发展，支持远洋渔业企业在有条件的重点区域建设一批布局合理、配套完善、保障有力、集聚广泛的远洋渔业基地，提升"走出去"水平，推动我国远洋渔业产业集聚以及与所在国的深度融合，实现内外联动、功能互补和产业协同的发展格局。承担基地建设项目的企业须具有连续三年以上农业农村部远洋渔业企业资格，并拥有基地所有权或经营管理权，境外基地还需获得有关部门批准的境外投资许可等。中央财政对符合条件的远洋渔业基地项目按照不超过中方企业已完成投资的 30% 给予补助，补助资金重点用于对基地相关基础设施进行更新改造和整治维护。

四、提升现代渔业设施设备水平

采取后补助方式，支持改善渔业设施设备，提升渔业设施设备现代化水平，提高渔业综合生产能力。

（一）支持渔船和船上设施设备更新改造。支持渔业企业、渔民对捕捞渔船和船上设施设备更新改造，减少渔船能耗和污染物排放，提高渔船安全等级，提升渔船自动化、智能化和现代化水平。中央财政重点支持近海、远洋老旧捕捞渔船更新改造为新材料和资源友好型渔船，支持船上设施设备更新改造。鼓励各地结合现有渔船改造标准，支持新能源渔船更新改造，降低渔船油耗，减轻碳排放。

（二）水产养殖和加工设施设备建设。支持持有养殖证的企业、农民专业合作社等经营主体和渔民在《养殖水域滩涂规划》的养殖区或限养区发展深远海养殖。优先支持国家级水产健康养殖和生态养殖示范区，以及选址在离大陆岸线 10 公里以上、水深 20 米以上的项目。支持具备水产品加工冷藏能力的企业、农民专业合作社等经营主体开展水产品初加工和冷藏保鲜。优先支持主产地就地加工、淡水产品加工、大宗产品收储加工，以及脱贫地区特色水产品加工、稻渔和大水面等生态产品加工。补助资金重点用于购置重力式网箱和桁架类网箱式养殖装备、水产品初加工和冷藏保鲜设施设备等方面。

五、持续推进渔业绿色循环发展

支持符合补助要求的养殖企业、农民专业合作社等经营主体和养殖渔民开展内陆养殖池塘标准化改造，推进水产养殖业尾水达标治理，提高内陆池塘养殖综合生产能力和可持续发展能力，推动形成一批标准化、集约化、机械化、智能化、清洁化的规模养殖基地，促进水产养殖绿色高质量发展。补助资金重点用于养殖池塘标准化改造、尾水达标治理、水质监控和环境调控系统、建立管护机制等方面。

六、开展渔业资源调查养护和国际履约能力提升

（一）开展我国近岸近海外海渔业资源调查。采取当年补助方式，支持具备条件的科研院所和高校利用渔业资源专业科学调查船，辅以租用群众渔船，开展我国近岸近海外海渔业资源调查，逐步掌握渔业资源状况和变动趋势。补助资金重点用于在我国禁渔区线内侧沿岸水域、禁渔区线外侧近海海域、包括周边渔业协定水域在内的外海海域，开展理化环境与生源要素、基础生产及鱼卵仔鱼、生物资源等方面调查。

（二）开展公海和过洋性渔业资源调查、动态监测评估。采取当年补助方式，支持符合条件的远洋渔业企业和教学科研单位开展远洋渔业资源调查、监测评估，促进全球渔业资源科学养护和长期可持续利用。补助资金重点用于在公海和重要入渔国海域开展渔业资源生产性调查、综合科学调查、全球重要鱼种资源监测评估，按照项目类型和监测站位数（评估鱼种

数）对任务承担单位进行补助。

（三）提升远洋渔业国际履约能力。鼓励引导远洋渔船全面履行国际公约义务养护国际渔业资源，对远洋渔船全面履行国际公约的成果进行奖补，促进远洋渔业规范有序和高质量发展。补助资金以远洋渔船为单位，采取后补助方式，主要依据远洋渔业企业履约评估成绩分类给予适当补助。远洋渔业企业履约评估得分分值按《农业农村部办公厅关于全面实施远洋渔业企业履约评估工作的通知》（农办渔〔2021〕22 号）有关规定计算。

住房和城乡建设部 国家发展和改革委员会 财政部 中国人民银行 国务院国有资产监督 管理委员会 国家税务总局 国家市场监督 管理总局 中国银行保险监督管理委员会关于 推动阶段性减免市场主体房屋租金工作的通知

（建房〔2022〕50 号）

各省、自治区、直辖市及新疆生产建设兵团住房和城乡建设厅（委、管委、局）、发展改革委、财政厅（局）、国资委、市场监督管理局（厅、委），中国人民银行上海总部、各分行、营业管理部、各省会（首府）城市中心支行、各副省级城市中心支行，国家税务总局各省、自治区、直辖市和计划单列市税务局，各银保监局，国家开发银行、各政策性银行、国有商业银行、股份制银行、中国邮政储蓄银行：

为贯彻落实《国务院关于印发扎实稳住经济一揽子政策措施的通知》（国发〔2022〕12 号）要求，推动阶段性减免市场主体房屋租金工作，帮助服务业小微企业和个体工商户缓解房屋租金压力，现就有关事项通知如下：

一、高度重视租金减免工作

阶段性减免市场主体房屋租金，是国务院的一项重大决策部署，是稳住经济大盘的重要工作举措，对保市场主体、保就业、保民生意义重大。各地住房和城乡建设、发展改革、财政、人民银行、国资、税务、市场监管、银保监等部门要从大局出发，加强沟通协调，各司其责，增强工作合力。各地要按照既定的租金减免工作机制，结合自身实际，统筹各类资金，拿出务实管用措施推动减免市场主体房屋租金，确保各项政策措施落地生效。

二、加快落实租金减免政策措施

被列为疫情中高风险地区所在的县级行政区域内的服务业小微企业和个体工商户承租国有房屋的，2022 年减免 6 个月租金，其他地区减免 3 个月租金。

对出租人减免租金的，税务部门根据地方政府有关规定减免当年房产税、城镇土地使用税；鼓励国有银行对减免租金的出租人视需要给予优惠利率质押贷款等支持。

各级履行出资人职责机构（或部门）负责督促指导所监管国有企业落实租金减免政策。有关部门在各自职责范围内指导各地落实国有房屋租金减免政策。因减免租金影响国有企事业单位经营业绩的，在考核中根据实际情况予以认可。

非国有房屋出租人对服务业小微企业和个体工商户减免租金的，除同等享受上述政策优惠外，鼓励各地给予更大力度的政策优惠。

通过转租、分租形式出租房屋的，要确保租金减免优惠政策惠及最终承租人，不得在转租、分租环节哄抬租金。

三、按月报送租金减免情况

各级履行出资人职责机构（或部门）负责做好所监管国

有企业出租房屋租金减免情况统计工作，包括减免租金金额、受惠市场主体户数等。

各地住房和城乡建设部门负责做好阶段性减免市场主体房屋租金统计汇总工作。各地财政、税务部门负责做好房产税、城镇土地使用税减免政策落实情况统计工作，包括享受税收优惠的企业户数、减免税收金额等。各地人民银行、银保监部门负责做好贷款支持政策落实情况数据收集工作，包括享受优惠利率质押贷款等的企业户数、贷款金额等。各地管理国有房屋的住房和城乡建设等部门负责做好所管理的出租房屋租金减免情况统计工作，包括减免租金金额、受惠市场主体户数等。各地市场监管部门要加强市场主体信息共享，配合相关部门做好统计工作。

省级人民银行、国资、财政等部门要及时将本部门负责统计的数据提交省级住房和城乡建设部门进行汇总，同时抄报上级主管部门。住房和城乡建设部门要发挥牵头协调作用，加强减免租金主体等信息在部门间共享，为相关配套政策实施和统计工作创造条件。

国务院国资委每月15日前将上月租金减免相关统计数据反馈住房和城乡建设部。税务总局每月15日前将上月税收减免相关统计数据反馈住房和城乡建设部。省级住房和城乡建设部门每月10日前将汇总的本地区上月租金减免相关统计数据和工作报告，通过全国房地产市场监测系统"房屋租金减免情况"模块，报送住房和城乡建设部。

四、加强租金减免工作监督指导

各地要结合自身实际出台或完善实施细则。各地要充分发挥 12345 政务服务便民热线作用，建立投诉电话解决机制，受理涉及租金减免工作的各类投诉举报，做好受理与后台办理服务衔接工作，确保企业和群众反映的问题和合理诉求得到及时处置和办理。要充分运用网络、电视、报刊、新媒体等渠道，及时发布相关政策信息，加强减免租金政策的宣传报道，发挥正面典型的导向作用，营造良好舆论环境。

住房和城乡建设部会同国家发展改革委、财政部、人民银行、国务院国资委、税务总局、市场监管总局、银保监会等部门加强协调指导，及时发现问题，督促各地切实采取措施做好阶段性减免市场主体房屋租金工作。对工作落实情况，各地要组织第三方开展评估。对工作落实不力、进展缓慢、市场主体反映问题较多的地方，住房和城乡建设部将会同相关部门予以通报，提出整改要求，切实推动政策落地落细。

附件：2022 年服务业小微企业和个体工商户房屋租金
　　　减免情况统计表

住房和城乡建设部　国家发展和改革委员会　财政部
中国人民银行　国务院国有资产监督管理委员会
国家税务总局　国家市场监督管理总局
中国银行保险监督管理委员会
2022 年 6 月 21 日

附件：

2022 年服务业小微企业和个体工商户
房屋租金减免情况统计表
（×月份）

填报单位：　　　　　　　　　　　　　填报时间：

省份	城市	租金减免情况				税收减免情况				贷款支持情况			
		国有房屋租金减免金额（万元）	涉及户数（户）	非国有房屋租金减免金额（万元）	涉及户数（户）	房产税减免金额（万元）	涉及户数（户）	城镇土地使用税减免金额（万元）	涉及户数（户）	涉及户数（户）	贷款余额（万元）	6月以来新发放贷款金额（万元）	新发放贷款中优惠利率贷款金额（万元）
		累计/本月	累计/本月	累计/本月	累计/本月	累计/本月	累计/本月	累计/本月	累计/本月	累计/本月	月末	累计	累计
××省	1												
	2												
	3												
汇总													

财政部　民航局关于阶段性实施国内
客运航班运行财政补贴的通知

（财建〔2022〕142 号）

各省、自治区、直辖市、计划单列市财政厅（局），新疆生产
建设兵团财政局，民航各地区管理局，各运输航空公司：

今年以来，针对新冠肺炎疫情对民航业的影响，财政部、
民航局等有关部门按照党中央、国务院的决策部署，出台了多
项财税政策，支持民航业安全稳定和纾困发展，在一定程度上
缓解了民航企业的经营压力，但受疫情反复、油价攀升等因素
影响，民航企业仍面临一些实际困难。为夯实民航安全基础，
以保最低运行航班量和保安全飞行为目标，现对国内运输航空
公司经营的国内客运航班实施阶段性财政补贴。现将有关事项
通知如下：

一、财政补贴启动条件

原则上当每周内日均国内客运航班量低于或等于 4500 班
（保持安全运行最低飞行航班数）时，启动财政补贴。

二、补贴对象和范围

国内运输航空公司执飞同时符合下列条件的国内客运航

班，纳入资金支持范围。

（一）国内客运航班，不含港澳台航班、承担重大紧急运输任务的航班、调机、公务机等。

（二）实际运行的每周内日均国内客运航班量未超过保持安全运行最低飞行航班数。经停航班按每条航段起飞港分别核算。

（三）每周每条航段平均客座率未超过75%。多家运输航空公司共飞同一航段，按各公司该航段周平均客座率计算。

（四）航班实际收入无法覆盖变动成本。

三、补贴标准和期限

（一）对国内客运航班实际收入扣减变动成本后的亏损额给予补贴。设定最高亏损额补贴标准上限为每小时 2.4 万元。

（二）政策实施期限为 2022 年 5 月 21 日至 2022 年 7 月 20 日。

四、资金渠道和支付方式

补贴资金由中央和地方财政共同承担。其中，中央财政对东部、中部、西部地区分别补助 65%、70%、80%，东部、中部、西部地区地方财政分别承担 35%、30%、20%。

补贴资金由航班起飞港所在地（直辖市、计划单列市或地级以上城市，下同）财政部门拨付。中央财政补贴资金列入转移支付下拨相关省级财政部门（航班起飞港所在地为计划单列市的，省级财政部门指计划单列市财政部门，下同），采取先预拨后清算的方式。在政策实施后，分两批预拨中央财政补贴资金上限的70%；剩余30%待补贴政策到期后，根据实际情况按规定标准进行清算，多退少补。

地方财政补贴资金到位情况，由航班起飞港所在地财政部门会同民航相关地区管理局于资金拨付后及时报送财政部、民航局。

五、申报审核程序

（一）每周结束后5个工作日内，符合条件的国内运输航空公司可向航班起飞港所在地财政部门申请前一周航班补贴，并提供执飞航段、班次、飞行时长（轮挡时间）、客座率、航班实际收入、变动成本等数据，以及相关证明材料。

（二）航班起飞港所在地财政部门会同民航相关地区管理局，按照本通知规定，依据民航局每周国内客运航班计划表等有关数据，对航空公司的补贴申请进行审核，并及时将中央和地方财政应补贴的资金足额拨付航空公司。

（三）民航相关地区管理局应会同省级财政部门汇总审核航班起飞港所在地财政部门编制的整体绩效目标，并按月向民航局、财政部报送绩效目标实现情况。

（四）政策执行期结束后一个月内，民航相关地区管理局会同省级财政部门汇总审核航班补贴实际执行情况、地方补贴资金到位情况，报民航局、财政部。民航局审核后将资金清算方案报财政部，财政部据此对补贴资金进行清算，多退少补。

六、监督管理

（一）民航局应当统筹考虑疫情防控情况、区域经济发展状况、航空运输市场规律、旅客出行习惯以及实际飞行情况，合理优化航线政策，做好航班计划，以周为单位，对每条航段及其保持安全运行最低飞行航班数进行动态调整。

（二）航班起飞港所在地财政部门应当结合实际，制定地方补贴资金管理实施细则，民航相关地区管理局会同省级财政部门汇总审核后及时报财政部、民航局备案。

（三）民航相关地区管理局要会同省级财政部门密切跟踪阶段性财政补贴实施效果，切实发挥好政策的正向引导作用，推动国内运输航空公司不断增加航班运行数量，提高飞机日利用率和专业岗位人员业务熟练度。

（四）国内运输航空公司要从保障航空安全大局出发，真正将补贴资金用于提升安全服务能力，弥补航班运行亏损。坚决杜绝为争取补贴资金随意调整航班、恶意低价竞争甚至骗补等行为，不得将补贴资金用于建设项目等与国内客运航班运行无关的支出。航空公司收到补贴资金后，按照国家会计制度有关规定进行账务处理。

（五）国内运输航空公司应对申报材料的真实性和准确性负责；任何单位和个人不得截留、挪用补贴资金。审核中发现虚报、瞒报的，将取消公司申请资格；对于违反国家法律、行政法规和有关规定的单位和个人，将严格按照《中华人民共和国预算法》《财政违法行为处罚处分条例》等规定予以处理。

附件：国内客运航班运行财政补贴资金申报表（略）

财政部　民航局

2022 年 5 月 25 日

财政部关于预拨国内客运航班运行财政补贴资金（第一批）的通知

（财建〔2022〕161 号）

各省、自治区、直辖市、计划单列市财政厅（局），新疆生产建设兵团财政局：

按照党中央、国务院有关决策部署，为支持民航业安全稳定和纾困发展，根据《财政部　民航局关于阶段性实施国内客运航班运行财政补贴的通知》（财建〔2022〕142 号，以下简称《通知》）等规定，现预拨你省（自治区、直辖市、计划单列市、新疆生产建设兵团，以下统称省）国内客运航班运行财政补贴资金（第一批）（项目代码：Z225060040002，收入列 2022 年政府收支分类科目"1100253 交通运输共同财政事权转移支付收入"，支出功能分类列 2022 年政府收支分类科目"214 交通运输支出"），具体金额见附件。此次资金下达后，有关要求如下：

一、你省要从统筹疫情防控和经济社会发展的高度出发，切实担负起稳定地方经济的责任，按照《通知》明确的东部、中部、西部地区地方财政承担比例，统筹落实地方财政补贴资金，为保障最低飞行航班量和安全飞行提供支持。

二、你省应按照《通知》规定，指导督促航班起飞港所在地财政部门会同民航相关地区管理局做好补贴资金审核工作，及时将中央和地方财政补贴资金足额拨付航空公司。

三、你省要按照《中共中央　国务院关于全面实施预算绩效管理的意见》的要求，完善绩效目标管理，做好绩效运行监控和绩效评价，确保财政资金安全有效。

附件：1. 国内客运航班运行财政补贴资金（第一批）分配总表（不发地方）（略）

2. 国内客运航班运行财政补贴资金（第一批）分配表（分发地方）（略）

3. 国内客运航班运行财政补贴资金绩效目标表

财政部

2022 年 6 月 2 日

附件3：

国内客运航班运行财政补贴资金绩效目标表

（2022年度）

转移支付名称	国内客运航班运行财政补贴		
中央主管部门	财政部、中国民用航空局		
省级财政部门	各省、自治区、直辖市、计划单列市财政厅（局），新疆生产建设兵团财政局	省级主管部门	民航各地区管理局
资金情况 （万元）	年度资金总额		
	其中：中央财政补贴资金		
	地方财政补贴资金		
总体目标	根据党中央、国务院决策部署，对国内运输航空公司经营的符合条件的国内客运航班实施阶段性财政补贴，夯实民航安全基础，提振发展信心，促进航空物流保通保畅，带动民航业全盘皆活，为民航全面复苏、赋能国民经济发展奠定基础。		

绩效指标	一级指标	二级指标	三级指标	指标值
	产出指标	数量指标	补贴国内客运航班数量	≥X 班
		质量指标	地方财政补贴资金到位率	≥X%
	效益指标	经济效益指标	国内客运航班亏损弥补率	≥X%
		社会效益指标	航空公司原因严重征候万时率	≤X%
	满意度指标	服务对象满意度指标	航空公司满意度	≥X%

财政部 交通运输部关于支持国家 综合货运枢纽补链强链的通知

(财建〔2022〕219 号)

各省、自治区、直辖市、计划单列市财政厅（局）、交通运输厅（局、委），新疆生产建设兵团财政局、交通运输局：

为深入贯彻落实党中央、国务院决策部署，加快构建现代化高质量国家综合立体交通网，根据《车辆购置税收入补助地方资金管理暂行办法》（财建〔2021〕50 号）规定，财政部、交通运输部决定联合支持国家综合货运枢纽补链强链。现将有关事宜通知如下：

一、总体要求

（一）指导思想。坚持以习近平新时代中国特色社会主义思想为指导，深入贯彻党的十九大和十九届历次全会精神，落实中央财经委员会第十一次会议部署要求，以深化供给侧结构性改革为主线，立足新发展阶段，完整、准确、全面贯彻新发展理念，服务构建新发展格局，立足产业链供应链保通保畅，聚焦国家综合立体交通网主骨架上的综合货运枢纽，深刻认识和把握多种运输方式发展的规律特征，坚持问题和目标导向，支持引导多方力量加强资源统筹利用，优化货物运输结构，实现多种运输方式深度融合发展，联网补网强链，合力打造互联互通、便捷顺畅、经济高效、绿色集约、智能先进、保障有力的综合货运枢纽体系，不断增强互联互通和网络韧性，提高资源集约利用水平，提升货物综合运输效率与质量，降低综合运输成本，有力支撑产业链供应链稳定，服务产业链供应链延伸，践行绿色低碳发展，更好促进经济高质量发展。

（二）支持原则。

1. 共同事权，共同承担。全国性综合货运枢纽与集疏运体系属于中央与地方共同事权，中央与地方共同承担支出责任。地方应充分发挥本区域在货物集散运输、供应链服务等方面组织管理职能和优势，找准问题，主动作为，精准施策。中央加强工作指导，科学引领综合货运枢纽补链强链。

2. 目标导向，择优支持。地方从国家交通战略布局、区位发展定位、运输条件、综合货运发展潜力等方面选择申报开展综合货运枢纽补链强链的城市或城市群，明确综合货运枢纽功能定位，组织编制实施方案，制定实施目标，围绕既定目标采取有效措施，将目标细化成为可量化、可考核的具体指标。交通运输部、财政部通过竞争性评审方式择优支持。

3. 跟踪问效，奖补结合。加强预算绩效管理，对纳入支持的城市或城市群，做好绩效运行监控，跟踪工作进展情况和实施成效，适时开展绩效评价，将评价结果与中央财政年度预算安排挂钩，突出绩效导向。

4. 资源统筹，工作协同。中央层面，交通运输部、财政部会同有关单位和省份建立部省工作协调机制，加强工作指导和资源统筹，形成合力。地方层面，省级有关部门和申报城市建立工作领导机制，加强组织保障，充分调动各方资源、政策予以支持，确保工作取得实效。

（三）政策目标。自 2022 年起，用 3 年左右时间集中力量支持 30 个左右城市（含城市群中的城市）实施国家综合货运枢纽补链强链，促使综合货运枢纽在运能利用效率、运输服务质量、运营机制可持续等三方面明显提升，在提高循环效率、增强循环动能、降低循环成本中发挥积极作用，从而形成资金流、信息流、商贸流等多方面集聚效应，更好服务重点产业链供应链，辐射带动区域经济高质量发展，东部城市做优做强，中部城市巩固提高，西部城市打基础立长远。

（四）支持范围。本通知所指综合货运枢纽既包括枢纽港站等交通运输基础节点，也包括多节点串联与往返形成的重要网链。符合以下条件的枢纽可由相关城市或城市群申报。

1. 综合货运枢纽应纳入《现代综合交通枢纽体系"十四五"发展规划》（交规划发〔2021〕113 号）中"国家综合交通枢纽城市"的范围。

2. 根据中共中央、国务院印发的《国家综合立体交通网规划纲要》，以线定点，以点带面。一是优先选择 6 条主轴上覆盖京津冀、长三角、珠三角、成渝、长江经济带、粤港澳等国家重大战略区域的枢纽。二是优先选择位于大陆桥走廊、西部陆海走廊等涉及西部地区走廊、沿边通道上的枢纽。三是鼓励 2 个及以上城市联合申报综合货运枢纽。

3. 综合货运枢纽应聚焦国家重点产业集群（粮食煤炭、

装备制造、电子信息、生物医药等）分布区域，且在进出口贸易、货物运输能力等方面已自发形成规模优势。

（五）支持类型。相关地方应结合不同货物在运输时间、附加值等方面的特点和运输需求，在两种或两种以上运输方式间进行组合，区分综合货运枢纽类型，包括：依托海运港口、内河港口形成与铁路专用线有效衔接的铁水联运型；依托机场货运作业区形成与铁路或高等级公路有效衔接的空铁（高铁）联运型、陆（公路）空联运型；依托铁路货运站形成与高等级公路有效衔接并实现大宗货物及集装箱大规模便捷转运的公铁联运型等。优先选择支持铁水联运型、空铁联运型综合货运枢纽，西部地区视本区域发展实际还可选择支持陆空联运型、公铁联运型综合货运枢纽。

二、实施内容

根据《国家综合立体交通网规划纲要》、《"十四五"现代综合交通运输体系发展规划》（国发〔2021〕27号），引导带动不同类型的综合货运枢纽在基础设施及装备硬联通、规则标准及服务软联通、运营机制一体化等方面开展工作。不同运输方式之间互联互通应切实可行，开展必要的可行性研究论证。

（一）基础设施及装备硬联通。结合各类货物运输需要，支持公共服务功能突出的综合货运枢纽及集疏运体系项目建设，以盘活存量为主，适度做优增量。一是围绕铁路、水路、航空等货运基础设施进场站、进港口码头、进园区，延伸拓展既有线路，实施专用线路新建或改扩建工程等。二是围绕有效满足多式联运节点集散分拨需要，对现有仓储、堆场实施扩能改造，适当新建仓储、堆场，增加设施容量。三是围绕货运装备标准化、智能化、绿色化发展，推广应用专业化多式联运设备和跨方式快速换装转运的装卸、分拣设施及标准化载运单元，鼓励配备符合低碳目标的作业设施、新能源货车和全货运机型等。

（二）规则标准及服务软联通。引导完善与多式联运适配的服务和规则标准。一是加快推动多种运输方式的信息平台互联互通，应用全程"一单制"联运服务，铁路运单、订舱托运单、场站收据、海运提单、邮政快递运单等实现单证信息交叉验证与互认；促进保单等金融服务产品与联运单全程化匹配。二是丰富联运服务产品，依托综合货运枢纽，提供优质的全程联运方案，实现货运全程跟踪定位查询功能，开展冷链等专业化多式联运业务。三是推动建立健全多式联运标准和规则。包括多式联运的货物品类划分标准、运载单元标准、产品和服务标准、安检标准及安全管理规则、信息互认规则等制度体系。

（三）建立健全一体化运营机制。鼓励铁路、水路、航空等不同运输企业加强合作，鼓励这些企业与第三方物流企业、邮政企业、快递企业、供应链平台企业、跨境电商等加强合作，鼓励政府与企业加强合作，发挥各方资源优势和专业化水平，促进有效市场和有为政府相结合，形成发展合力。鼓励各方在合作过程中创新投融资等模式，以项目合资、股权投资基金、PPP等市场化方式吸引带动民间资本，共同参与综合货运体系建设运营，实现"利益共享、风险共担"的跨方式一体化运作。

三、组织实施

（一）方案编制。城市或城市群是开展综合货运枢纽补链强链的基层组织及实施主体，应按要求组织编制综合货运枢纽补链强链3年实施方案，根据城市实际情况可选择单个或多个综合货运枢纽类型编制。实施方案应明确城市或城市群现状及工作基础、工作目标、工作内容、组织保障等（具体实施方案提纲由交通运输部会同财政部在有关工作通知中明确）。联合申报的城市应明确牵头城市，共同协商编制实施方案，细化相关城市目标任务和共建共享机制等。

（二）组织申报。各省份于每年2月底前向交通运输部、财政部申报。该项政策实施第一年，各省份于7月底前完成申报工作。其中涉及跨省域的以1个省份为主牵头申报（具体申报文件提纲在有关工作通知中规定）。

（三）专家评审。交通运输部会同有关部门建立专家库，涵盖多个行业领域专家。每年3月底前，交通运输部组织专家开展竞争性评审，重点评审地方工作基础、工作目标、工作内容、组织保障以及现场答辩情况等方面。根据专家评审结果，交通运输部提出建议纳入支持的城市或城市群名单，以及对地方实施方案研提修改完善建议。

四、资金分配

（一）分配方法。财政部根据交通运输部建议名单，结合财力情况，采取"奖补结合"方式，专门安排一定规模的车辆购置税收入补助地方资金（以下简称奖补资金）予以支持，并加强对车辆购置税收入补助地方的公路建设等其他相关项目资金、中央企业资金的统筹协调。奖补资金按照每个城市原则上不超过 15 亿元、每个城市群原则上不超过 30 亿元控制。具体按交通运输部核定投资额的一定比例奖补，东部、中部（含辽宁、吉林、黑龙江）、西部地区奖补比例分别为 40%、50%、60%，实施第一年按每个城市 5 亿元的统一标准予以补助（城市群补助总额按 10 亿元上限控制），用于启动相关工作。后续年度根据绩效评价结果予以奖励。

（二）资金使用。财政部按规定拨付奖补资金。相关省级财政部门结合各方面相关资金政策，会同同级交通运输主管部门统一制定资金管理细则，明确细化安排项目资金的程序、标准、投入方式等，规范资金用途与拨付流程等。有关城市或城市群按照有关规定和修改完善后的实施方案，将奖补资金用于支持基础设施及装备硬联通，引导规则标准及服务软联通，引导建立健全一体化运营机制等，不得用于征地拆迁、房地产开发、楼堂馆所建设以及除前述规定用途外的物流园区建设和运营。鼓励城市或城市群加强各方面资金统筹，创新投入机制，灵活采取资本金注入、PPP、股权投资基金、绩效奖励、政府购买服务等方式，吸引撬动社会资本投入。

其他高等级公路、铁路主干线、航空机场等通道干线及基础设施建设，邮政快递基础设施建设，以及货物尾程配送、邮政快递末端配送等物流微循环建设相关项目资金可编制纳入实施方案，目前已有资金支持渠道的按既有渠道和方式安排

（不作为交通运输部核定投资的内容），与奖补资金形成合力。

五、绩效管理

（一）绩效目标设置。地方应在实施方案编制环节设置绩效目标，包括但不限于运输能力、运输服务、运营机制、综合效率、经济效益等方面。除规定的必选指标外，地方可结合实际自主选择其他指标。同时，结合实际从高从严设置指标值。

（二）绩效跟踪监控。地方各级交通运输部门、财政部门会同有关单位利用车辆购置税资金现有考核数据支撑系统，对纳入支持的城市或城市群绩效目标实现情况进行线上动态跟踪、穿透监管，并对发现的问题及时督促整改。省级交通运输部门负责对相关行业数据信息进行审核，省级财政部门负责对相关资金数据信息进行审核，城市人民政府、项目单位对相关数据真实性负责。省级交通运输部门应会同财政部门等有关单位及时总结工作成效、查摆问题或困难、研究对策建议等，形成上报信息书面报送交通运输部、财政部。交通运输部会同财政部等有关单位对好的经验做法研究予以推广。

（三）实施绩效评价。省级交通运输部门会同财政部门于每年3月底前完成对上一年度工作的绩效评价，书面报送交通运输部、财政部。交通运输部、财政部视情况通过抽查等方式开展重点绩效评价，本通知实施期内对纳入支持范围的城市或城市群实现重点绩效评价全覆盖。

（四）评价结果反馈与应用。交通运输部根据绩效评价结果提出后续资金安排建议，财政部结合财力情况下达预算。年度安排奖励资金原则上不超过 3 年应安排资金的 1/3。绩效评价结果为 A 的，即评分 90 分（含）−100 分，按 3 年应安排车辆购置税资金的 1/3 奖励；绩效评价结果为 B 的，即评分 80 分（含）−90 分，相关城市减少奖励资金 2.5 亿元，相关城市群合计减少奖励资金 5 亿元；绩效评价结果为 C 或 D 的，即评分 80 分以下，不再安排奖励资金，视整改情况决定是否收回中央财政已安排的奖补资金。

六、工作机制

（一）部省工作协调机制。交通运输部、财政部会同有关单位与相关省份建立部省工作协调机制，在用地、线路、时刻表、运力调度、国际邮件通关权、资金等方面加强资源统筹利用，形成合力；在规划、方案、项目、绩效管理等方面加强工作指导，发挥各方专业优势；对跨省域实施的重点事项进行协调推动。

（二）地方工作领导机制。地方各级交通运输部门、财政部门和相关城市人民政府应充分认识开展国家综合货运枢纽补链强链的重要性，将该项工作纳入贯彻交通强国战略、国家综合立体交通网规划的重点工作，予以高度重视。省级有关部门和申报城市应建立工作领导机制，落实责任分工，安排专人负责推进相关工作，充分调动各方资源、政策予以支持，确保工作取得实效。

财政部　交通运输部

2022 年 6 月 30 日

财政部办公厅　商务部办公厅
关于支持加快农产品供应链体系建设
进一步促进冷链物流发展的通知

（财办建〔2022〕36号）

各省、自治区、直辖市财政厅（局）、商务主管部门：

为深入贯彻落实《中共中央　国务院关于做好2022年全面推进乡村振兴重点工作的意见》及党中央、国务院关于实施乡村建设行动、《国务院办公厅关于进一步释放消费潜力促进消费持续恢复的意见》（国办发〔2022〕9号）有关要求，加强农产品现代流通体系建设，提高农产品流通效率，更好保障市场供应，财政部、商务部决定以促进农产品冷链物流发展为重点，支持加快农产品供应链体系建设。现将有关事项通知如下：

一、总体要求

以习近平新时代中国特色社会主义思想为指导，立足新发展阶段，完整、准确、全面贯彻新发展理念，构建新发展格局，贯彻落实党中央、国务院决策部署，按照"强节点、建链条、优网络"工作思路，在已实施农产品供应链体系建设的工作基础上，进一步聚焦补齐冷链设施短板，提高冷链物流质量效率，建立健全畅通高效、贯通城乡、安全规范的农产品现代流通体系。重点抓住跨区域农产品批发市场和销地农产品冷链物流网络，加快城市冷链物流设施建设，健全销地冷链分拨配送体系，创新面向消费的冷链物流模式，推动农产品冷链物流高质量发展。

通过 2 年时间，推动农产品冷链流通基础设施更加完善，重要集散地和销地农产品批发市场、加工配送中心及零售终端冷链流通能力显著提升，调节农产品跨季节供需、支撑农产品跨区域冷链流通的能力和效率继续增强，为农产品现代流通体系建设提供坚实基础。

二、支持内容

通过中央财政服务业发展资金（以下简称服务业资金）引导有关省（自治区、直辖市，以下统称省）统筹推进农产品供应链体系建设，抓住集散地和销地两个关键节点，进一步聚焦发展农产品冷链物流，提高农产品流通效率和现代化水平。引导支持的主要方向如下：

（一）增强农产品批发市场冷链流通能力。在集散地、销地支持农产品批发市场冷链流通基础设施改造升级，鼓励建设公共冷库、中央厨房等设施，加快绿色、高效、低碳冷藏设施应用，完善物流集散、加工配送、质量安全等功能，增强流通主渠道冷链服务能力。

（二）提高冷链物流重点干支线配送效率。在销地支持农产品流通企业、冷链物流企业等改扩建冷链集配中心和低温配送中心，集成流通加工、区域分拨、城市配送等功能，提高冷链干线与支线衔接效率。推广可循环标准化周转箱，促进农产品冷链物流各环节有序衔接。

（三）完善农产品零售终端冷链环境。在城市供应链末端支持连锁商超、农贸市场、菜市场、生鲜电商等流通企业完善终端冷链物流设施，进一步增强冷藏保鲜等便民惠民服务能力。推动建设改造前置仓等末端冷链配送站点，鼓励配备移动冷库（冷箱）等产品，提高冷链物流终端配送效率。

（四）统筹支持农产品市场保供。有关省（含 2021 - 2022 年农产品供应链体系建设支持省）可根据本地实际情况，将获得的 2022 - 2023 年服务业资金支持农产品供应链体系建设的补助资金，适当用于支持农产品市场保供工作。对于 2022 年以来承担相关流通保供任务并受到疫情影响的冷链物流企业，地方可结合实际统筹支持。具体支持内容、方式等由省级商务和财政主管部门确定，并在工作方案中予以体现。

服务业资金主要立足于弥补市场失灵，做好基础性、公共性工作，发挥对社会资本的引导作用。申请支持的省可根据上述支持内容，结合本地实际细化支持事项。

三、工作程序

（一）组织地方申报。有意愿的省（已获 2021 年农产品供应链体系建设支持的省除外）根据本通知要求，结合本地实际情况，制定 2 年期工作方案（具体要求见附件1），确定总体目标、年度分解任务、重点举措、项目清单、绩效考核等内容，于 5 月 20 日前报商务部、财政部，逾期未报视为放弃申请资格。各省工作方案作为政策实施期间监督考核的重要依据，目标任务原则上不作调整。

（二）选定支持省。在地方申报工作方案的基础上，商务部会同财政部通过公平择优的方式确定最终支持省，并向中西部地区适度倾斜。

（三）下达补助资金。中央财政有关补助资金分年度下达，具体金额结合有关各省工作基础、发展指标、绩效评价等因素确定。2022 年对相关省先行拨付部分资金，2023 年根据工作开展情况，对通过绩效评价的省拨付剩余资金。补助资金由有关各省按照上报的工作方案统筹安排使用。鼓励地方统筹用好自有财力，落实到具体项目。

四、工作要求

（一）加强统筹协调。省级财政、商务主管部门按职责分工，切实加强组织领导、顶层设计和工作协调，结合实际制定工作方案，明确时间进度，确保顺利推进。相关地方具体使用财政资金时，要加强统筹协调，并与发展改革委安排的国家骨干冷链物流基地建设、农业农村部安排的产地冷链设施、中央财政支持的县域商业建设行动等相关资金及支持事项加强衔接，避免重复投入。对于已获其他中央财政资金支持的项目，不得重复申请或安排支持。

（二）完善项目管理。省级商务、财政主管部门要认真履行本地区项目申报、评审、执行、验收、成效评估等职能，形成闭环管理。动态掌握本地区农产品产销格局、农产品冷链物流发展和农产品市场体系建设有关工作情况，鼓励做好跨区域项目联动。完善农产品流通骨干网络，建立健全农产品流通骨干队伍。要按照相关规定，切实做好有关项目等信息公开，强化信息共享。自2014年起，获得过服务业资金支持的农产品流通企业，原则上均应被纳入骨干队伍，持续发挥民生保障功能。

（三）严格资金监管。强化日常监管，可引入审计或监理咨询等独立第三方，参与决策监督，加强资金和项目审核，及时防范和化解风险。有关各省具体分配使用中央财政资金应符合《服务业发展资金管理办法》（财建〔2019〕50号）规定。具体支持对象须在近3年内未发生过安全生产事故，且相关资金不得用于征地拆迁，不得用于支付罚款、捐款、赞助、投资、偿还债务以及财政补助单位人员经费和工作经费。

（四）强化绩效考核。省级商务主管部门于每个季度首月将上季度项目进展情况表（附件2）报商务部，并会同同级财政部门于2023年3月底前对工作进展情况进行中期自评，于2024年3月底前对工作完成情况进行终期自评，有关自评报告报商务部、财政部。资金使用情况通过内贸资金网络管理系统（网址：http://emanage.mofcom.gov.cn）填报，作为绩效评价的重要依据。商务部、财政部将适时委托第三方机构对各地工作情况进行绩效评价。

（五）做好宣传推广。省级商务、财政主管部门要及时跟进工作进展情况，总结发现工作推进过程中出现的先进经验和典型案例，重点总结机制创新、政策创新、模式创新等经验成果，加大典型案例宣传和推广力度，扩大政策效果，推动工作成效由点到面拓展。

附件：1. 省级工作方案编报指南
2. 资金拨付及项目进展情况表

财政部办公厅　商务部办公厅
2022 年 5 月 10 日

附件 1：

省级工作方案编报指南

一、基本情况

（一）农产品流通情况。本地区农产品产销情况，包括：主要鲜活农产品消费量、本地区产量、自给率、跨区域调入/调出量、流通的主要渠道等。本地区农产品冷链情况，包括：本地区集散地（农产品批发市场）、主销地（城市）各类冷链设施的规模、分布、市场需求等情况。设施类型包括但不限于公共冷库、配送中心、冷藏车辆等。农产品市场应急保供情况，包括：本地区农产品保供应急预案和相关工作机制，跨区域农产品对接调运、物流中转、终端配送等环节流程设计和制度安排，农产品市场应急保供队伍等。有关摸底数据应客观准确，并经省级商务主管部门审核确认。

（二）前期工作进展。农产品流通体系建设实施情况，包括省级工作文件、协调机制、责任分工、配套政策等落实举措，2012 年以来中央财政资金支持农产品流通体系建设情况、取得的成效和存在问题。

二、目标任务

根据本地区产、运、销规模和未来发展趋势，综合研判集散地、销地冷链设施总体缺口，在此基础上，围绕本通知，结合摸底情况，提出本省农产品供应链体系建设两年总体目标。根据本省选择的支持方向，细化分解总体目标，按年度明确所需冷链设施的主要类型、布局和建设规模。有关目标任务要可量化、可考核，明确时间表、路线图和责任分工。工作方案应思路清晰、目标明确、重点突出、措施有效、责任明晰、数字详实。请填制《总体目标及年度分解任务表》（附1）。

三、重点工作

（一）增强农产品批发市场冷链流通能力。（必填）

（二）提高冷链物流重点干支线配送效率。（必填）

（三）完善农产品零售终端冷链环境。（选填）

（四）统筹支持农产品市场保供。（选填）

四、资金安排及项目计划

各省自主统筹安排农产品供应链体系建设补助资金。项目计划包括：本省拟支持项目清单以及项目选择程序、依据、责任主体等。有关项目应落实责任单位、考核安排、实施目标等，并注重项目的可持续性。对在外地注册法人但在本地有实体的非法人机构，及在本地注册法人但在周边地区建设实体的机构，可在本地申报项目。请填制《农产品供应链体系建设项目清单》（附2）。

五、保障机制

（一）资金管理制度。结合本通知明确的支持方向，进一步细化提出本省资金管理制度，包括支持方向、项目类型、具体内容、支持标准、绩效管理等。对于支持实施的项目应实事求是确定实施期限、支持条件、后续维护运营等要求，并建立相应的绩效评价指标体系等。

（二）项目管理制度。提出项目遴选、组织实施、资金拨付、监督考核等工作机制。要求建立"企业目录＋项目清单"机制，加强项目管理。明确项目验收主体、要件、验收流程等，形成项目可持续发挥作用的长效机制。

（三）日常监督机制。省级财政、商务主管部门加强机制管理、资源统筹、经费保障等措施，鼓励发挥第三方机构作用。调动地市级主管部门积极性、主动性，在日常监管中履行属地管理责任。可引入审计、监理咨询等第三方机构，规范决策过程，加强资金和项目审核。

（四）信息公开机制。进一步加强政务公开和信息报送的政策措施，省级商务、财政主管部门设置公开专栏情况。明确凡是获得服务业资金的地方和企业，须按要求填报项目相关信息数据和日常业务经营数据，各级主管部门依法保护信息安全。

附：1. 总体目标及年度分解任务表

　　2. 农产品供应链体系建设项目清单（示例）

附 1：

总体目标及年度分解任务表

支持方向	指标	2021 年底数	2022 年目标	2023 年目标
增强农产品批发市场冷链流通能力*	农产品批发市场冷库库容	×× (m³)		
	其中：公共冷库库容*	×× (m³)		
	加工配送中心库容*	×× (m³)		
	中央厨房冷藏能力	×× (m³)		
	其他冷链设施	×× (m³)		
	……		……	……
提高冷链物流重点干支线配送效率*	销地冷链集配中心（多温区）			
	数量	×× (个)		
	库容*	×× (m³)		
	冷藏车辆	×× (辆)		
	低温配送中心			
	数量	×× (个)		
	库容*	×× (m³)		
	冷藏车辆	×× (辆)		
	农产品冷链物流园区			
	数量	×× (个)		
	库容	×× (m³)		
	冷藏车辆	×× (辆)		
	其他类型农产品冷链设施			
	库容	×× (m³)		
	冷藏车辆	×× (辆)		
	……		……	……

续表

支持方向	指标	2021 年底数	2022 年目标	2023 年目标
完善农产品零售终端冷链环境	连锁商超终端冷藏能力	×× （m³）		
	农贸市场、菜市场冷藏能力	×× （m³）		
	生鲜电商等社区前置仓数量	×× （个）		
	社区前置仓冷库库容	×× （m³）		
	……		……	……
统筹支持农产品市场保供				

注：标注"＊"的支持方向和指标为必填项。

附 2：

农产品供应链体系建设项目清单（示例）

年度	项目位置	项目名称	建设类型	承办企业	总投资额	奖补金额	建设内容	建设周期	实现功能
2022	××市	××农产品批发市场冷链设施升级改造	新建	××批发市场			购置××设施设备	2022.03－2023.01	
		××销地低温配送中心	改造	××流通企业			更新××设施设备		
		××社区前置仓	新建	××电商平台企业					
2023	……								

注：各省根据细化支持事项，建立分年度储备项目库。其中，2022 年度项目清单应与省级工作方案一并报备；其他年度项目已明确的一并报备，未明确的可后续进行调整、完善。

附件 2：

资金拨付及项目进展情况表

填表单位：　　　　填表时间：　　　　填表人：　　　　联系方式：

总体情况								
资金使用情况	累计拨付企业　万元		项目建设情况	合计支持项目				个
	结存省级财政　万元			其中：已完成验收项目				个
	结存市级财政　万元			已建成待验收项目				个
	结存县级财政　万元			在建项目				个
具体项目情况								
项目承建单位	项目名称	所属方向	项目所在地	建设内容	中央财政计划支持金额（万元）	中央财政资金已拨付（万元）	项目状态（在建/完工/已验收）	项目联系人/联系方式

农业农村部办公厅 财政部办公厅关于做好 2022 年农产品产地冷藏保鲜设施建设工作的通知

（农办市〔2022〕5 号）

各省、自治区、直辖市及计划单列市农业农村（农牧）厅（局、委）、财政厅（局），新疆生产建设兵团农业农村局、财政局，北大荒农垦集团有限公司、广东省农垦总局：

为贯彻落实中央农村工作会议和 2022 年中央一号文件精神，按照《农业农村部、财政部关于做好 2022 年农业生产发展等项目实施工作的通知》（农计财发〔2022〕13 号，以下简称《通知》）有关政策要求，现就做好 2022 年农产品产地冷藏保鲜设施建设工作有关事宜通知如下。

一、明确总体要求

以习近平新时代中国特色社会主义思想为指导，按照保供固安全、振兴畅循环的工作定位，聚焦鲜活农产品主产区、特色农产品优势区，重点围绕蔬菜、水果等鲜活农产品，兼顾地方优势特色品种，合理集中建设产地冷藏保鲜设施，提升技术装备水平，完善服务保障机制，强化运营管理能力，推动冷链物流服务网络向农村延伸，畅通鲜活农产品末端冷链微循环，为服务乡村产业、提高农民收入、增强市场稳定性、保障农产品有效供给提供有力支撑。

二、突出重点任务

（一）合理集中建设产地冷藏保鲜设施。各地要认真落实"十四五"农产品冷链物流布局规划，加强产地冷藏保鲜设施与冷链集配中心、骨干冷链物流基地的有效衔接，整体构建功能衔接、上下贯通、集约高效的产地冷链物流体系。支持县级以上示范家庭农场和农民专业合作社示范社，已登记的农村集体经济组织等主体，在重点镇和中心村建设产地冷藏保鲜设施，不断提升设施综合利用效率，满足田头贮藏保鲜和商品化处理需要。引导各类市场主体在产地重要流通节点，建设改造产地冷链集配中心，强化产地预冷、分拣分级、初加工、集散配送、产地直销等功能，打造支撑农产品上行的产地综合服务平台。鼓励开展符合实际的冷藏保鲜设施数字化、智能化建设，提升产地冷链物流信息化水平。

（二）深入开展产地冷藏保鲜整县推进。各地要优先选择鲜活农产品生产大县、"互联网＋"农产品出村进城试点县，在有效保障用地用电政策的前提下，整县推进冷藏保鲜设施建设，率先形成产地冷链物流服务网络。鼓励有条件的地方依托产地冷链集配中心，完善电商服务功能，建设农产品电商产业园。做好 2021 年度农产品产地冷藏保鲜整县推进评价工作，持续提升整县推进建设水平，加大 2022 年整县推进建设力度，壮大一批运营服务主体，创新一批运营服务模式，培育一批农产品品牌和服务品牌，推广一批实用技术和标准，鼓励探索冷藏设施设备信息化解决方案。鼓励有条件的地方整合各方政策支持开展产地冷藏保鲜设施整市、整省推进。

（三）推动冷链物流服务网络向农村延伸。依托产地冷藏保鲜设施，鼓励引导邮政快递、供销合作社、电子商务、商贸流通等主体利用既有流通网络优势，整合资源、创新模式，优化田头集货、干支衔接运输和农村快递配送，促进合作联营、成网配套，加快建设农产品产地冷链物流服务网络。鼓励引导产地批发市场、现代农业产业园、加工物流园、电商孵化园等产地园区，重点改造公共冷库设施条件，拓展冷链物流服务内容。鼓励冷链物流运营主体利用设施平台和渠道优势，提升品牌打造和孵化能力。

（四）组织冷藏保鲜实用技术和运营管理培训。农产品产地冷藏保鲜实用技术和冷链物流运营管理培训内容已经纳入高素质农民培育、农村实用人才带头人培训支持范围。各地要充分利用相关政策，开设专题班或增加相应培训课程，编制培训教材，整合师资力量，通过线上教学、课堂教学、现场教学等方式，组织形式多样的培训活动，打造一批农产品冷链物流培训基地，不断提升产地冷藏保鲜设施使用效益。省级农业农村部门要统筹安排、有效组织，并举办示范培训班。

三、有序组织实施

农产品产地冷藏保鲜设施建设的补助标准、建设内容、实施主体、实施区域等年度政策，严格按照《通知》有关要求执行。

（一）开展项目储备。省级农业农村部门要建立项目储备库，开展项目储备及动态管理，做好政策宣传和设施建设准备工作。建设主体通过农产品仓储保鲜冷链物流信息系统（以下简称信息系统）提出储备申请，经县级审核、地市级复核、省级审定后入库储备。

（二）编制实施方案。省级农业农村部门要会同财政部门编制年度实施方案，明确建设思路、年度目标、重点任务、具体政策、保障措施、进度安排等内容，于6月12日前报农业农村部、财政部审核备案；按照农产品产地冷藏保鲜整县推进要求，指导任务实施县编制整县推进实施方案，于6月12日前报农业农村部、财政部审核备案。

（三）严格申报审批。省级农业农村部门、财政部门要及时向社会公布中央财政年度支农政策和省级实施方案，督促指导县级部门在申报工作启动前不少于10个工作日向社会公布相关政策，切实保障涉农主体知情权和选择权。建设主体通过信息系统自愿申报。县级农业农村部门负责申报审批，及时向社会公示审批通过的项目，一般不少于5个工作日。省级、地市级农业农村部门要监督指导审批工作。

（四）指导项目建设。省级农业农村部门要制订本地区设施建设参考技术方案，明确建设质量标准，支持对冷藏保鲜设施设备实施节能改造，鼓励建设主体采用绿色低碳的新技术、新材料和新装备。各地要及时上报建设进度，重大事项及时向本级人民政府和上级农业农村部门报告。建设主体自主开展设施建设，承担安全建设运营的主体责任。

（五）规范竣工验收。省级农业农村部门要会同财政部门制定本地区统一的项目验收规范，明确验收内容、验收标准、验收程序等。县级农业农村部门、财政部门应会同相关部门开展现场验收，有条件的地方可以委托第三方评估机构参与验收。省级、地市级农业农村部门要按规定对本地区当年竣工验收项目进行抽查。

（六）及时兑付补贴。县级农业农村部门、财政部门要按照职责分工和时限要求，及时向验收合格的建设主体发放补助资金，并予以公示。

四、强化工作保障

（一）加强组织领导。省级农业农村部门、财政部门要高度重视，建立健全工作推进机制，配强工作专班，明确各级职责任务，加强部门间协同配合，强化调度指导力度，提升监督管理能力。任务实施县要落实主体责任，为项目实施提供有力保障。各地要始终坚持数量服从质量、进度服从时效、求好不求快的原则，扎实推进农产品产地冷藏保鲜设施建设，引导主体不断提高设施综合使用效率，防止大面积闲置或废弃。

（二）强化政策支持。各地要全面落实农业设施用地和农业生产用电价格优惠政策，鼓励利用村集体闲置房屋、废弃厂房或经营性建设用地等开展设施建设。鼓励与各类市场主体开展建设和运营合作，合理确定合作方式和利益分配机制。积极争取地方政府债券，对符合条件的项目予以支持。各地要与其他支持冷链物流发展的相关财政资金做好衔接，避免重复投入。

（三）创新金融服务。鼓励各类银行及担保机构创新产品服务，强化信贷担保支持。鼓励保险公司开发特色保险产品，为冷藏保鲜农产品数量、质量安全以及价格波动等提供风险保障。依托信息系统，开展信贷直通车冷藏保鲜设施建设专项行动，帮助对接金融服务。支持金融机构参与整省、整市、整县推进项目设计，提供综合金融服务方案，创新金融支持模式。

（四）严格资金监管。省级农业农村部门要会同财政部门加强项目执行定期调度督导，及时上报项目执行和资金使用情况。对资金结转量大、工作推进慢的地区将调减或不再安排下一年度任务资金。坚决查处虚报冒领、骗取套取、挤占挪用项目资金等违法违规行为。全面梳理 2020 年度、2021 年度补贴兑付情况，督促任务实施县尽快完成兑付，并于 2022 年 6 月 30 日前上报清理执行情况。开展全面自查，查找风险点和不足，加强设施建设工作监督评价，并于 2022 年 12 月 31 日前，将 2022 年度设施建设工作省级自评报告报送农业农村部市场与信息化司。

（五）完善管理制度。省级农业农村部门要认真落实《农产品产地冷藏保鲜设施建设管理规范（试行）》，并结合本地实际制定具体实施细则，全面规范项目储备、申报审批、建设指导、竣工验收、监督管理等工作，形成上下衔接、分级负责的管理制度，同时建立健全设施建设工作风险自查和监督评价机制，实现项目管理制度化、规范化。

（六）加强示范宣传。各地要加强农产品冷藏保鲜实用技术标准、材料装备等试验示范推广，探索产地农产品流通数据

的信息化采集方式。加快总结设施建设运营和整县推进的好经
验好做法，强化全媒体宣传，推出一批机制创新、政策创新、
模式创新的典型案例，切实发挥示范带动作用。

农业农村部办公厅　财政部办公厅

2022 年 6 月 1 日

财政部办公厅　商务部办公厅　国家乡村振兴局综合司关于支持实施县域商业建设行动的通知

（财办建〔2022〕18 号）

各省、自治区、直辖市财政厅（局）、商务主管部门、乡村振兴（扶贫协作）部门，新疆生产建设兵团财政局、商务局、乡村振兴局：

为贯彻落实党中央、国务院决策部署，加快推进县域商业体系建设，促进农村消费和农民增收，助力全面推进乡村振兴，财政部、商务部、国家乡村振兴局（以下统称三部门）定于 2022－2025 年支持实施县域商业建设行动。现将有关事项通知如下：

一、总体要求

以习近平新时代中国特色社会主义思想为指导，深入贯彻党的十九大和十九届历次全会精神，立足新发展阶段，完整、准确、全面贯彻新发展理念，构建新发展格局，以渠道下沉为主线，以县乡村商业网络体系和农村物流配送"三点一线"为重点，加快补齐农村商业设施短板，健全县乡村物流配送体系，引导商贸流通企业转型升级，推动县域商业高质量发展。

到 2025 年，建立完善县域统筹，以县城为中心、乡镇为重点、村为基础的县域商业体系。在具备条件的地区，基本实现县县有综合商贸服务中心和物流配送中心、乡镇有商贸中心、村村通快递。城乡生产和消费连接更加紧密，工业品下乡和农产品进城渠道更加畅通，农民收入和农村消费持续提升。

二、支持内容

通过中央财政资金引导各省（自治区、直辖市，含新疆生产建设兵团，以下统称省）统筹推进县域商业建设行动。县域商业建设要与当地经济发展水平相适应，既尽力而为又量力而行，主要聚焦县域商业体系中的市场缺位和薄弱环节，发挥县城和乡镇的枢纽、节点作用，加快补齐基础设施和公共服务短板，辐射带动县域商业整体提升。引导支持的主要方向如下：

（一）补齐县域商业基础设施短板。以人口相对聚集的乡镇为重点，支持升级改造一批商贸中心、大中型超市、集贸市场等，完善冷藏、陈列、打包、结算、食品加工等设施设备。鼓励连锁商贸流通企业、电子商务平台等下沉农村，加强数字赋能，发展连锁经营和电子商务，拓展消费新业态新场景，打造乡镇商业集聚区。

（二）完善县乡村三级物流配送体系。发挥县城和乡镇物流枢纽作用，支持建设改造一批县级物流配送中心和乡镇快递物流站点，完善仓储、分拣、包装、装卸、运输、配送等设施，增强对乡村的辐射能力。整合县域邮政、供销、快递、商贸等物流资源，发挥连锁商贸流通企业自建物流优势，开展日用消费品、农资下乡和农产品进城等物流快递共同配送服务，降低物流成本。

（三）改善优化县域消费渠道。引导大型流通企业下沉供应链，布局一批县域前置仓、物流仓储等设施，提供直供直销、集中采购、统一配送、库存管理等服务，让农民直购好产品、新产品。鼓励本地商贸流通企业组建联合采购平台，加大农村地区商品投放力度。发展购物、餐饮、亲子、娱乐、农资等多种业态，承接市民下乡和农民进城消费。

（四）增强农村产品上行动能。引导商贸、电商、快递、物流企业围绕农村产品上行，建设分拣、预冷、初加工、配送等商品化处理设施，加强标准和品牌应用，提高农村产品商品转化率。整合现有县乡村电子商务服务网点，统筹产品开发、设计、营销、品牌等服务，拓宽农村产品上行渠道，提高农村电子商务应用水平。

（五）提高生活服务供给质量。引导农村邮政、供销、电商、商贸流通企业从传统批发、零售向综合性服务转变，整合购物、订餐、家政、职介、租赁、同城配送等服务，提高社区、村镇生活服务的便捷性和服务质量。引导商贸流通、电子商务、生活服务与现代农业、乡村旅游、加工制造等特色产业跨界融合，增强服务业推动生产、促进流通、扩大消费的功能。

各省应按照上述方向，因地制宜统筹相关政策及资金，细化县域商业建设内容，并落实到具体项目。

三、组织实施

（一）编报工作方案。省级商务主管部门会同财政、乡村振兴部门（以下统称省级主管部门），组织各县（市、区、旗，以下统称县）对照本通知要求和《县域商业建设指南》，对县域商业发展现状进行摸底，于 2022 年 4 月 30 日前在商务部县域商业摸底系统（网址：http：//emanage. mofcom. gov. cn/loginGov. html）中完成录入。省级主管部门统筹制定省级工作方案（以下简称《工作方案》，具体要求见附件），确定到 2025 年总体目标、年度分解任务、重点举措、项目清单、绩效考核等内容，于 2022 年 5 月 10 日前报三部门。逾期未报视为不参加建设行动。

（二）审核批复方案。商务部会同财政部、国家乡村振兴局组织合规性评审，对地方上报的《工作方案》提出审核意见，有关省级主管部门据此修改完善后，于 2022 年 6 月 30 日前经省级人民政府报三部门备案。各省经备案的《工作方案》作为资金安排和政策实施期间监督考核的重要依据，原则上不作调整。确因有关客观情况发生较大变化需作调整的，应经省级主管部门审慎论证后，经省级人民政府报三部门按程序备案。调整后，到 2025 年的总体目标不得低于原《工作方案》设定的总体目标。

（三）下达补助资金。三部门通过服务业发展资金对各省开展县域商业建设工作予以适当补助。中央财政补助资金采取因素法分配，分年度下达，分配因素包括工作基础、发展指标、绩效评价以及预算执行进度、区域调节系数等。中央财政下达各省的有关补助资金由各省按照经备案的《工作方案》统筹安排使用，鼓励地方统筹用好自有财力，落实到具体项目。

（四）实施监督考核。各省级主管部门负责开展绩效自评，组织对市县开展绩效评价，并对年度任务完成情况进行评估。要督促市县通过内贸资金网络管理系统（网址：http：//emanage. mofcom. gov. cn）填报项目资金使用情况，作为绩效评价的重要依据。商务部会同财政部、国家乡村振兴局在此基础上完成年度总体绩效评价。各省年度绩效评价结果与后续资金安排挂钩。对于绩效评价、抽查中发现问题的，由省级商务主管部门会同财政部门、乡村振兴部门组织整改。未按要求完成整改的，不再予以资金支持。各省应于 2025 年政策收尾阶段，组织第三方专业机构对政策实施情况进行全面评估，总结成效、纠正问题，并将相关情况报告三部门。商务部牵头进行政策总结评估。财政部牵头适时开展重点绩效评价。

四、工作要求

（一）注重统筹协调。省级主管部门对本省县域商业建设行动负总责，要推动建立与其他相关部门的协调机制，明确各部门职责并形成工作合力，其中，省级乡村振兴部门要积极推动将县域商业建设行动纳入乡村振兴考核体系。发挥市级主管部门承上启下作用，履行好项目申报、指导培训、监督检查等属地管理责任，压实县级人民政府对资金使用、项目管理等的直接责任。各地在申请及安排使用中央财政对县域商业建设行动的补助资金（以下简称县域商业补助资金）时，应与国家发展改革委具体安排的中央基建投资事项、农业农村部具体安排的产地冷链设施、中央财政农产品供应链体系建设等相关资金加强衔接，避免重复投入；对于已获其他中央财政资金支持的项目，不得重复申请或安排支持。此外，应充分利用万村千乡市场工程、电子商务进农村综合示范等购建的设施设备，增强工作的延续性。有关统筹协调工作考虑，应在各省工作方案中体现。

（二）完善项目管理。省级商务部门要牵头制定工作方案和储备项目库，会同有关部门按职责分工完善项目管理机制，细化项目验收办法，建立健全省市县三级日常监督机制，强化项目遴选、企业招标、项目验收等过程监督，形成本省工作的闭环管理。可引入审计、监理咨询等独立第三方，参与决策监督，加强资金和项目审核，及时防范和化解风险。常态化跟踪项目完成情况，对未按时完成的项目要强化追责问效，督促及时整改。健全"建管用"相结合的长效机制，确保项目长期稳定发挥效用。发挥邮政、供销以及龙头流通企业作用，统筹推进县乡村商业网点、快递物流等项目建设和运营，增强可持续性，避免分散投入。按照相关规定，切实做好有关项目等信息公开，强化信息共享，充分利用国家相关信息平台，建立企业"黑名单"制度。

（三）加强资金管理。充分发挥县域商业补助资金引导作用，鼓励有条件的地方通过贷款贴息、购买服务、以奖代补等方式撬动社会资本，共同推动县域商业高质量发展。各省县域商业补助资金最终安排使用到县（市、区、旗）的比例不低于90%，优先支持有条件的脱贫县和乡村振兴重点帮扶县，鼓励西藏整区推进。县域商业补助资金不得用于征地拆迁，不得用于支付罚款、捐款、赞助、投资、偿还债务以及财政补助单位人员经费和工作经费。

（四）做好宣传推广。各省要开展多种形式的工作培训，加强政策解读，并指导市县加强师资建设，完善案例教材，创新培训方法，扩大县域商业建设行动的社会知名度和参与度。及时总结宣传推广典型经验，促进相互交流与借鉴，增强示范带动作用。

各地要把县域商业建设行动作为全面推进乡村振兴、加快农业农村现代化的重要任务，加强工作指导，密切跟踪进展，有关重要情况及时按程序报告三部门。

附件：省级工作方案编报指南

财政部办公厅　商务部办公厅

国家乡村振兴局综合司

2022 年 3 月 29 日

附件：

省级工作方案编报指南

一、基本情况

（一）县域商业摸底情况。本省县域（含县、市、区、旗等，以下统称县）基本情况，包括数量、人口、乡镇村数量、社会消费品零售额等；县域商业摸底情况，包括县乡村商业网点、快递物流"三点一线"等设施数量、覆盖率、基本功能等。有关摸底数据应客观准确，经县市省商务主管部门逐级审核确认，在商务部县域商业信息系统完成填报。

（二）前期工作进展。县域商业组织实施情况，包括省级工作文件、协调机制、责任分工、配套政策等落实举措，说明是否将县域商业纳入省级乡村振兴考核体系，是否建立多部门参与的县域商业工作协调机制，2021年至今县域商业建设情况、取得的成效和存在问题。

二、目标任务

（一）总体目标和年度分解任务。围绕《商务部等17部门关于加强县域商业体系建设促进农村消费的意见》提出的"三个全覆盖"目标和《县域商业建设指南》7项约束性指标，结合摸底情况，提出到2025年本省县域商业总体目标，包括县城综合商贸服务中心、县级物流配送中心、乡镇商贸中心、"快递进村"等设施服务的数量、覆盖率。细化分解总体目标，制定 2022－2025 年度分解任务。有关目标任务要可量化、可考核，明确时间表、路线图和责任分工。请填制附表 1《总体目标及年度分解任务表》。

（二）县域商业建设类型和标准。各省参照《县域商业建设指南》，结合网点数量、规模、发展水平等因素，自主制定标准，确定各县商业现状（基本型、增强型、提升型、基本型以下）。在摸底基础上，指导各县确定"十四五"时期要达到目标类型（基本型、增强型、提升型）。要坚持因地制宜、实事求是，合理确定建设类型和标准，充分考虑东中西差异、人口分布等因素，避免盲目拔高或降低标准。

三、重点工作

（一）补齐县域商业基础设施短板。（略）

（二）完善县乡村三级物流配送体系。（略）

（三）改善优化县域消费渠道。（略）

（四）增强农村产品上行动能。（略）

（五）提高生活服务供给质量。（略）

四、资金安排及项目计划

（一）安排方式。各省自主统筹安排县域商业补助资金，可灵活采取省级统筹、切块到县、整市推进等方式安排奖补资金，其中，省级统筹资金应明确到跨区域物流、供应链等面向县域的重点项目。切块到县资金由各县自主安排项目。也可按整市（地、州、盟）推进形式申报，统筹安排辖区县域商业建设。

（二）项目计划。本省拟支持市县名单、项目清单（包括省级统筹项目、县级实施项目）以及项目选择程序、依据、责任主体等。有关项目应落实责任单位、考核安排、实施目标等，并注重项目的可持续性。拟支持县除了县、县级市、旗等，各省还可根据农业人口比例、乡镇村数量、商业发展水平等因素，自主确定拟纳入支持范围的市辖区。请填制附表2《县域商业项目清单》。

五、保障机制

（一）资金管理制度。结合本通知给出的支持方向，进一步细化提出本省资金管理制度，包括支持方向、项目类型、具体内容、支持标准等。结合实际，细化支持标准，包括拟支持项目的实施期限、支持条件、后续维护运营等要求，并建立相应的绩效评价指标体系等。

（二）项目管理制度。提出项目遴选、组织实施、资金拨付、监督考核工作机制。要求建立"企业目录＋项目清单"机制，加强项目管理。分年度建立储备项目库，成熟一批，建设一批，避免"钱等项目"。明确项目验收主体、要件、验收流程等，加强资产监督管理，明确资产权属和管护主体责任，形成长效机制。

（三）日常监督机制。提出省市县三级日常监督机制。省级主管部门加强机制管理、资源统筹、经费保障等措施，鼓励发挥第三方机构作用。调动地市级主管部门积极性、主动性，加强日常指导及监管。各县可引入审计、监理咨询等第三方机构，规范决策过程，加强资金和项目审核。进一步加强政务公开和信息报送的政策措施，省级主管部门和市县政府网站设置公开专栏。

（四）信息公开机制。进一步加强政务公开和信息报送的政策措施，省级主管部门和市县政府网站设置公开专栏情况。明确凡是接受中央财政奖补的地方和企业，须按要求填报项目相关信息数据，各级主管部门依法保护信息安全。

六、附表

1. 总体目标及年度分解任务表

指标类型	2021 年底数	2022 年	2023 年	2024 年	2025 年
约束指标	县城综合商贸服务中心数量、覆盖率*				
	县级物流配送中心数量、覆盖率				
	乡镇商贸中心数量、覆盖率				
	村级便民商店数量、覆盖率*				
	"快递进村"数量、覆盖率				
	县域物流共同配送率				
自选指标	培育龙头流通企业数量、覆盖县数				
	县域社会消费品零售额、年增速				
	乡镇集贸市场建设改造数量、占比				
	……				
	……				

续表

指标类型	2021 年底数		2022 年	2023 年	2024 年	2025 年
建设类型	基本型县名、数量、占比	2021 年底数：	2025 年目标：			
	增强型县名、数量、占比	2021 年底数：	2025 年目标：			
	提升型县名、数量、占比	2021 年底数：	2025 年目标：			

注：1. ＊县城综合商贸服务中心、村级便民商店不列入中央财政支持方向，通过市场化手段推进建设改造。

2. 约束指标为《县域商业建设指南》所涉及的约束性指标，除人口稀少、欠发达县域，在具备条件的地区实现县乡村"三个全覆盖"。

3. 建设类型由省级主管部门参照《县域商业建设指南》，结合摸底情况，对下辖县整县商业现状进行分类（基本型、增强型、提升型以及未达基本型）。在此基础上，指导各县因地制宜、自主选择到 2025 年的目标类型（基本型、增强型、提升型）。

2. 县域商业项目清单

年度	项目位置	项目名称	建设类型	承办企业	总投资额	奖补金额	建设内容	建设周期	实现功能
2022	××县	××县级物流配送中心	新建	××邮政公司			购置××设施设备		
		××乡镇商贸中心	改造	××超市			更新××设施设备		
		××农产品商品化设施	新建	××物流公司					
		……							
2023									
2024									
2025									

注：各省根据细化支持方向，组织市县申报，建立分年度储备项目库。其中，2022 年度项目清单应与省级工作方案一并报备，并在商务部信息系统中录入；其他年度项目已明确的一并报备，未明确的可后续进行调整、完善。

财政部关于下达 2022 年服务业发展
资金预算的通知

（财建〔2022〕153 号）

各省、自治区、直辖市财政厅（局），新疆生产建设兵团财政局：

根据预算管理和《服务业发展资金管理办法》（财建〔2019〕50 号，以下简称《办法》）相关规定、有关工作通知要求，以及商务部、国家知识产权局提出的年度资金分配建议，经研究，现将有关事项通知如下：

一、下达你省（自治区、直辖市、新疆生产建设兵团，以下统称省）2022 年服务业发展资金（项目名称：服务业发展资金；项目代码：Z145110010028）预算，该项支出列 2022 年政府收支分类科目第 216 类"商业服务业等支出"。具体支持事项、金额等见附件。

二、请你厅（局）严格按照预算管理和《办法》相关规定以及相关工作通知要求，安排使用本次下达的补助资金。其中：

（一）关于县域商业建设行动，请会同同级商务主管部门按职责分工做好相关政策及资金统筹工作，推动项目及时有序落地，并规范合理拨付相关资金，切实提高财政资金使用效益。

（二）关于农产品供应链体系建设，2022年新增支持省由商务部牵头组织专家依据"工作基础、发展指标、绩效评价等因素"评审确定，补助标准与2021年首批支持省一致；同时，对首批支持省中已通过相关绩效中期评价的，安排2022年度补助资金；对未通过绩效评价的，扣回提前下达的2022年度补助资金，并将视其整改情况另行确定是否收回2021年度补助资金。

（三）关于专利转化专项计划，请获得奖补资金的省按照相关工作通知要求规范合理安排使用资金，并加快预算执行进度。有关绩效及预算执行情况，将继续作为安排相关资金的重要依据。

（四）关于电子商务进农村综合示范，对于2020－2021年度批次的示范县，请相关地区按照商务部有关要求加快组织绩效评价及相关收尾工作。后续将结合有关绩效评价总体情况，具体清算补助资金。

三、为进一步加强预算绩效管理，请在组织预算执行中对照整体绩效目标（附件3），细化你省各支出方向的区域绩效目标，做好绩效运行监控，确保年度绩效目标如期实现。同时，请参照中央做法，将本省绩效目标及时对下分解，做好省内预算绩效管理工作。在资金分配、拨付过程中，应全面及时掌握资金使用具体情况，切实加强全过程绩效管理和监督检查。

四、请你厅（局）按照《办法》以及相关工作通知要求，于2022年7月31日前将本年度资金具体使用细则及区域绩效目标，并于 2023 年 3 月 31 日前将本年度绩效自评报告报送中央相关业务主管部门、财政部，同时抄送财政部当地监管局。

　　附件：1. 下达 2022 年服务业发展资金汇总表（不发地方）

　　　　　　（略）

　　　　　2. 下达 2022 年服务业发展资金情况表（分发地方）

　　　　　　（略）

　　　　　3. 中央对地方专项转移支付整体绩效目标表

　　　　　　　　　　　　　　　　　　　　　　财政部

　　　　　　　　　　　　　　　　　　　　　　2022 年 6 月 2 日

附件 3：

中央对地方专项转移支付整体绩效目标表

（2022 年度）

项目名称		服务业发展资金—专利转化专项计划		
主管部门及代码		国家知识产权局		
项目资金 （万元）		年度资金总额：		
		其中：本年一般公共预算拨款		
		其他资金		
总体目标		专利技术转移转化服务便利性和可及性显著提高，有力支撑知识产权密集型产业创新发展。		
绩效指标	一级指标	二级指标	三级指标	指标值
		数量指标	中小微企业接受高校院所专利转让许可次数增幅	≥10%
			接受高校院所专利转让许可的中小微企业数量增幅	≥10%
			普惠性专利质押融资惠及中小微企业数量增幅	≥10%
			通过专利开放许可（试点）达成的专利许可数量	≥200
		质量指标	高校院所向中小微企业转让许可专利占高校院所有效专利的比例	≥1%
			普惠性专利质押融资惠及中小微企业数量占惠企数量的比例	≥60%

续表

	一级指标	二级指标	三级指标	指标值
绩效指标	效益指标	经济效益指标	企业专利质押融资金额增幅	≥10%
			专利许可备案金额增幅	≥10%
		社会效益指标	企业专利密集型产品备案数量	≥1000
			中小微企业接受高校院所转让许可的专利产业化率	≥20%
	满意度指标	服务对象满意度指标	高校、企业对专利转让许可质押相关政策项目和手续办理的满意度	≥70%

住房和城乡建设部 财政部 人民银行
关于实施住房公积金阶段性支持政策的通知

(建金〔2022〕45号)

各省、自治区、直辖市人民政府，新疆生产建设兵团：

为贯彻落实党中央、国务院关于高效统筹疫情防控和经济社会发展的决策部署，进一步加大住房公积金助企纾困力度，帮助受疫情影响的企业和缴存人共同渡过难关，经国务院常务会议审议通过，现就实施住房公积金阶段性支持政策通知如下：

一、受新冠肺炎疫情影响的企业，可按规定申请缓缴住房公积金，到期后进行补缴。在此期间，缴存职工正常提取和申请住房公积金贷款，不受缓缴影响。

二、受新冠肺炎疫情影响的缴存人，不能正常偿还住房公积金贷款的，不作逾期处理，不作为逾期记录报送征信部门。

三、各地根据当地房租水平和合理租住面积，可提高住房公积金租房提取额度，支持缴存人按需提取，更好地满足缴存人支付房租的实际需要。

上述支持政策实施时限暂定至 2022 年 12 月 31 日。各地要按照本通知要求，高度重视，周密部署，省、自治区人民政府要做好政策实施的指导监督，直辖市、设区城市（含地、州、盟）人民政府和新疆生产建设兵团可结合本地企业受疫情影响的实际，提出具体实施办法，并在支持政策到期后做好向住房公积金常规性政策的衔接过渡。各地住房公积金管理中心要通过综合服务平台等渠道，实现更多业务网上办、掌上办、指尖办，保障疫情期间住房公积金服务平稳运行。

住房和城乡建设部　财政部　人民银行

2022 年 5 月 20 日

财政部关于印发《中央财政农业转移人口市民化奖励资金管理办法》的通知

（财预〔2022〕60号）

各省、自治区、直辖市、计划单列市财政厅（局），新疆生产建设兵团财政局：

为推进农业转移人口市民化，加强农业转移人口市民化奖励资金分配、使用和管理，我们修订了《中央财政农业转移人口市民化奖励资金管理办法》，现予印发。

附件：中央财政农业转移人口市民化奖励资金管理办法

财政部

2022年4月13日

附件：

中央财政农业转移人口市民化
奖励资金管理办法

第一条　为贯彻落实《国务院关于实施支持农业转移人口市民化若干财政政策的通知》（国发〔2016〕44号）精神，加强中央财政农业转移人口市民化奖励资金（以下简称奖励资金）管理，根据《中华人民共和国预算法》及其实施条例，制定本办法。

第二条　奖励资金为一般性转移支付资金，列均衡性转移支付项下，用于增强各地区落实农业转移人口市民化政策的财政保障能力，推动各地区为农业转移人口提供与当地户籍人口同等的基本公共服务，促进基本公共服务均等化。

第三条　奖励资金不规定具体用途，中央财政分配下达到省级财政部门，由相关省、自治区、直辖市、计划单列市（以下统称省）根据本地区实际情况统筹安排使用。

第四条　奖励资金按照以下原则分配：

（一）突出重点。以各省农业转移人口实际进城落户数为核心因素，对农业转移人口落户规模大、新增落户多、基本公共服务成本高的地区加大支持，对以前年度落户人口的奖励资金逐步退坡。

（二）促进均等。对财政困难地区给予倾斜，缩小地区间在提供基本公共服务能力上的差距，推进地区间基本公共服务均等化和进城落户农业转移人口与当地户籍居民享受同等基本公共服务"两个均等化"。

（三）体现差异。考虑吸纳农业转移人口的成本差异，对跨省落户、省内落户和本市落户实行差异化的奖励标准，兼顾中央政府对跨省流动的支持和强化省级政府均衡省内流动的职责。

第五条 奖励资金包括落户人口奖励资金和随迁子女义务教育奖励资金。

第六条 奖励资金采取因素法分配，选取如下客观因素测算。

（一）农业转移人口实际进城落户人数。主要以公安部门提供的数据，区分跨省落户人数、省内跨地市落户人数和市内落户人数，采取不同权重，体现各地吸纳不同流入地农业转移人口的成本差异。以前年度落户人口奖励资金退坡腾退出的资金，按新增落户人口分配。

（二）地方基本公共服务成本。主要是参照各地人均财政支出水平，人均财政支出水平越高的地区，奖励越多，加大对公共服务成本较高落户地的支持。

（三）各地财政困难程度。参考各省财政困难程度系数，对财政困难地区奖励力度更大，有利于推进基本公共服务均等化。

（四）随迁子女义务教育。考虑各地接收随迁子女入学人数和工作努力程度等因素予以奖补，引导地方重视解决随迁子女就学问题，加大教育资源供给力度，提高随迁子女义务教育保障水平。

第七条　奖励资金按照以下公式测算：

（一）奖励资金＝落户人口奖励资金＋随迁子女义务教育奖励资金

（二）某地区落户人口奖励资金＝落户人口奖励资金总额×某地区落户人口奖励资金分配系数÷Σ各地区落户人口奖励资金分配系数

某地区落户人口奖励资金分配系数＝（跨省落户人口×权重＋省内跨市落户人口×权重＋市内落户人口×权重）×财政困难程度系数×人均财政支出系数

跨省、省内跨市、市内落户人口权重为5∶3∶1。

（三）某地随迁子女义务教育奖励资金＝随迁子女义务教育奖励资金总额×某地区随迁子女义务教育奖励资金分配系数÷Σ各地区随迁子女义务教育奖励资金分配系数

某地区随迁子女义务教育奖励资金分配系数＝随迁子女在校生数×地方工作努力程度系数

地方工作努力程度系数根据随迁子女在校生数变化情况及其占比变化情况确定。

第八条　省级财政部门要结合中央财政资金安排情况，结合自身财力，建立健全省对下农业转移人口市民化奖励机制。省级财政部门分配奖励资金，应向农业转移人口落户规模大、新增落户多、基本公共服务成本高的地区倾斜。

第九条　基层财政部门要统筹上级奖励资金和自有财力，

安排用于农业转移人口基本公共服务、增强社区保障能力以及支持城市基础设施运行维护等方面。

第十条 各级财政部门要加强资金监管，提高资金使用效益，确保中央财政农业转移人口市民化支持政策落实到位。财政部各地监管局根据工作职责和财政部要求，对转移支付资金进行监管。

第十一条 各级财政部门及其工作人员在资金分配、下达和管理工作中存在违反本办法行为，以及其他滥用职权、玩忽职守、徇私舞弊等违法违规行为的，依法追究相应责任。

资金使用部门和个人存在弄虚作假或挤占、挪用、滞留资金等行为的，依照《中华人民共和国预算法》及其实施条例、《财政违法行为处罚处分条例》等国家有关规定追究相应责任。

第十二条 本办法自发布之日起施行。《财政部关于印发〈中央财政农业转移人口市民化奖励资金管理办法〉的通知》（财预〔2016〕162号）同时废止。

财政部关于下达 2022 年农业转移人口市民化奖励资金预算的通知

（财预〔2022〕63 号）

各省、自治区、直辖市、计划单列市财政厅（局），新疆生产建设兵团财政局：

按照中央财政农业转移人口市民化奖励资金管理办法，现下达你省（自治区、直辖市、计划单列市，含新疆生产建设兵团）2022 年农业转移人口市民化奖励资金。此项补助列入 2022 年政府收支分类科目"1100202 均衡性转移支付收入"，项目代码 Z135110079001。

省级财政部门要根据本地区农业转移人口市民化特点、农业转移人口落户城镇规模以及农业转移人口享有基本公共服务方面存在的突出问题，加大资金集中统筹使用力度，重点向吸纳农业转移人口特别是跨省区市落户人口较多的地区倾斜，向有效解决农业转移人口市民化过程中突出问题的地区倾斜，向创新资金使用和管理方式的地区倾斜，尽快下达省以下奖励资金。基层财政部门要加强预算管理，统筹使用自有财力和上级转移支付，合理安排预算，优化支出结构，加强资金使用管理，切实保障农业转移人口随迁子女义务教育等基本公共服务需求。

附件：2022 年农业转移人口市民化奖励资金分配情况表

财政部

2022 年 4 月 13 日

附件：

2022 年农业转移人口市民化奖励资金分配情况表

单位：万元

地区（单位）	转移支付总额	其中：	
		已经下达	此次下达
合计	4000000	3500000	500000
北京市	9700	3400	6300
天津市	50500	38800	11700
河北省	210000	182900	27100
山西省	85100	76300	8800
内蒙古自治区	43800	38900	4900
辽宁省（不含大连市）	50900	47000	3900
大连市	7300	5800	1500
吉林省	36900	36300	600
黑龙江省	36300	34500	1800
上海市	9300	3800	5500
江苏省	270000	223300	46700
浙江省（不含宁波市）	202500	159700	42800
宁波市	37400	32900	4500
安徽省	225300	196000	29300
福建省（不含厦门市）	138500	122900	15600
厦门市	17600	16400	1200
江西省	144700	131000	13700
山东省（不含青岛市）	205000	194100	10900

续表

地区（单位）	转移支付总额	其中：	
		已经下达	此次下达
青岛市	20200	17800	2400
河南省	322700	292400	30300
湖北省	186900	175600	11300
湖南省	219800	195200	24600
广东省（不含深圳市）	303500	251100	52400
深圳市	48700	44400	4300
广西壮族自治区	120400	104700	15700
海南省	19100	13400	5700
重庆市	95000	84800	10200
四川省	266300	242200	24100
贵州省	151900	139900	12000
云南省	101700	80400	21300
西藏自治区	14300	14100	200
陕西省	138700	132500	6200
甘肃省	51400	47400	4000
青海省	26700	23100	3600
宁夏回族自治区	23100	20800	2300
新疆维吾尔自治区	107000	76200	30800
新疆生产建设兵团	1800		1800

人力资源社会保障部　发展改革委
财政部　农业农村部　国家乡村振兴局
关于做好 2022 年脱贫人口稳岗就业工作的通知

（人社部发〔2022〕13 号）

各省、自治区、直辖市及新疆生产建设兵团人力资源社会保障厅（局）、发展改革委、财政厅（局）、农业农村（农牧）厅（局、委）、乡村振兴局（支援合作办、合作交流办）：

为深入贯彻落实党的十九届六中全会和中央经济工作会议、中央农村工作会议精神，落实《中共中央　国务院关于做好 2022 年全面推进乡村振兴重点工作的意见》部署安排，做好 2022 年脱贫人口稳岗就业工作，现就有关事项通知如下：

一、明确目标任务

（一）保持规模稳定。按照稳存量、扩增量、提质量的要求，帮助有劳动能力和就业意愿的脱贫人口实现就业，帮助已就业脱贫人口稳定就业，推动全国脱贫人口（含防止返贫监测对象，下同）务工规模不低于 3000 万人。

（二）聚焦重点区域。将 160 个国家乡村振兴重点帮扶县和易地搬迁集中安置区作为稳岗就业工作的重点地区，保持脱贫人口务工规模稳定，牢牢守住不发生规模性失业返贫的底线。

二、高质量推进重点工作

（三）深化东西部劳务协作。依托东西部协作机制，加强劳务协作对接，丰富拓展人员输出、技能培训、权益保障、产业援建等协作内容，有条件省份可在此基础上，与更多人员往来较多的省份建立劳务协作机制。中西部省（区、市）要落实主体责任，建立脱贫人口底数、就业意向、就业需求、培训需求等清单，加强劳务输出管理服务。东部省（市）要落实输入地稳岗责任，建立岗位需求清单，在中西部省（区、市）开发劳动密集型协作项目，努力将脱贫人口稳在企业、稳在岗位。

（四）加强省内劳务协作。中西部省（区、市）要指导省内发达地区与脱贫地区签订劳务协议，组织省内大中型企业定向吸纳脱贫地区劳动力，健全省内劳务协作机制，推动脱贫人口实现县外省内就业。

（五）促进就地就近就业。衔接推进乡村振兴补助资金支持的优势特色产业项目，优先吸纳脱贫人口就业，参与项目建设。加大以工代赈实施力度，在农业农村基础设施建设领域大力推广以工代赈方式，具备条件的可提高劳务报酬资金占比，广泛动员脱贫人口参与以工代赈工程项目建设。鼓励乡村能人创办以吸纳脱贫人口为主的农民劳务专业合作社，促进增产增收。推动就业帮扶车间健康发展、壮大升级，各地可利用衔接推进乡村振兴补助资金对就业帮扶车间吸纳脱贫人口就业给予奖补。依托乡村建设行动和农村人居环境整治提升等，统筹用好各类乡村公益性岗位，托底安置其中符合就业困难人员条件的弱劳力、半劳力和无法外出、无业可就的脱贫人口。

（六）开展"雨露计划+"行动。组织开展"雨露计划+"就业促进专项行动，引导脱贫家庭（含防止返贫监测对象家庭）新成长劳动力接受中、高等职业院校和技术院校教育，原补助标准、资金渠道、发放方式保持不变，会同行业部门做好动态监测。做好雨露计划毕业生就业帮扶工作，发挥建筑、物流、电力等劳动密集型行业的作用，促进雨露计划毕业生实现就业。

（七）落实就业帮扶政策。加大对脱贫人口就业帮扶的政策扶持力度，按规定落实好就业创业服务补助、社会保险补贴、创业担保贷款及贴息、交通费补贴、就业帮扶基地奖补等政策。制定公布就业帮扶政策清单，优化经办服务流程，便利脱贫人口及用人单位申请享受。

三、加强组织保障

（八）压实工作责任。坚持"中央统筹、省负总责、市县乡抓落实"的就业帮扶工作机制，推动落实五级书记抓就业帮扶的责任。脱贫县要将稳岗就业作为巩固拓展脱贫攻坚成果的基础性工作来抓。凝聚多方合力，充分发挥村两委、驻村第一书记和工作队、乡村就业信息员等各类就业帮扶力量作用。

（九）加强组织领导。人力资源社会保障部门加强统筹协调，督促落实就业帮扶政策措施。乡村振兴部门（支援合作办、合作交流办）配合人力资源社会保障部门做好脱贫人口就业帮扶工作，共同做好脱贫人口稳岗就业情况监测和工作调度。发展改革部门加大以工代赈项目实施力度，配合做好易地搬迁脱贫人口就业帮扶。农业农村部门推动乡村地区产业发展。财政部门要按有关规定对脱贫人口稳岗就业工作予以支持。将脱贫人口稳岗就业工作纳入对各省（区、市）巩固脱贫成果后评估、东西部协作考核、省（区、市）对市县的乡村振兴战略实绩考核。

（十）营造良好氛围。选树一批脱贫人口稳岗就业典型，总结宣传推广一批"立得住、叫得响、推得开"的就业帮扶好经验好做法。定期举办乡村振兴技能大赛等活动，营造劳动最光荣、幸福靠奋斗的良好社会氛围。

人力资源社会保障部　发展改革委

财政部　农业农村部　国家乡村振兴局

2022 年 3 月 15 日

财政部　民政部关于修改《中央财政困难群众救助补助资金管理办法》的通知

（财社〔2022〕38 号）

各省、自治区、直辖市、计划单列市财政厅（局）、民政厅（局），新疆生产建设兵团财政局、民政局：

为进一步加强中央财政困难群众救助补助资金管理，提升资金使用效益，现在《财政部　民政部关于印发〈中央财政困难群众救助补助资金管理办法〉的通知》（财社〔2017〕58号）和《财政部　民政部　住房城乡建设部　中国残联关于修改中央财政困难群众救助等补助资金管理办法的通知》（财社〔2019〕114 号）的基础上，对相关内容作如下修改：

一、将第二条第二款修改为：

补助资金实施期限至 2025 年 12 月 31 日。期满前财政部会同民政部根据法律、行政法规和国务院有关规定及工作需要，组织开展绩效评估，根据评估结果确定是否延续补助政策及延续期限。

二、将第五条修改为：

补助资金按因素法分配，主要参考各地救助需求因素、财力因素和绩效因素等，重点向保障任务重、财政困难、工作绩效好的地区倾斜。测算公式为：

某地应拨付资金＝资金总额×该地分配系数/∑分配系数

其中：某地分配系数＝该地需求因素×该地财力因素×该地绩效因素。

财政部、民政部在每年分配资金时，根据党中央、国务院的有关决策部署及管理改革要求，可对选取的具体分配因素及其权重等进行适当调整。同时，为高质量推进社会救助工作开展，提高使用数据的科学性，在具体测算时可根据实际情况适当引入审核调整机制，对相关对象数量等基础数据的年度增减幅度设定上下限、对异常或离散数据进行适当调整等；为保持对各地困难群众救助工作支持的相对合理性，可适当对分配测算结果进行增减幅控制。

三、第七条增加一款，作为第二款：

有关结转结余资金管理按照《国务院办公厅关于进一步做好盘活财政存量资金工作的通知》（国办发〔2014〕70号）、《财政部关于推进地方盘活财政存量资金有关事项的通知》（财预〔2015〕15号）等规定执行。

四、第十条增加一款，作为第一款：

补助资金按照直达资金有关规定管理。属于政府采购管理范围的，应按照政府采购有关规定执行。鼓励各地按规定通过政府购买服务的方式引导社会力量参与提供救助服务。

五、将第十五条修改为：

各级财政、民政部门应切实防范和化解财政风险，强化流程控制、依法合规分配和使用资金，实行不相容岗位（职责）分离控制。

各级财政、民政部门及其工作人员在补助资金的分配审核、使用管理等工作中，存在违反本办法规定的行为，以及其他滥用职权、玩忽职守、徇私舞弊等违法违规行为的，依法追究相应责任。涉嫌犯罪的，依法移送有关机关处理。

以上修改内容自本通知印发之日起施行。

财政部　民政部

2022 年 4 月 8 日

民政部　财政部关于切实保障好困难群众基本生活的通知

（民发〔2022〕32号）

各省、自治区、直辖市民政厅（局）、财政厅（局），各计划单列市民政局、财政局，新疆生产建设兵团民政局、财政局：

当前，新冠肺炎疫情多点散发频发，一些地方发生较大规模疫情，对困难群众生活造成影响。为深入贯彻习近平总书记关于疫情防控和基本民生保障重要指示精神，全面落实党中央、国务院关于扎实稳住经济、完善社会民生兜底保障措施有关要求，切实保障好城乡困难群众基本生活，现就有关事项通知如下：

一、扎实做好低保等基本生活救助工作

加大低保制度落实力度，对符合低保条件的生活困难家庭，及时纳入低保范围。为低保对象、特困人员增发一次性生活补贴，受疫情影响严重地区可为临时生活困难群众发放一次性临时救助金。积极促进有劳动条件的救助对象务工就业，对因家庭成员就业导致收入超过低保标准的家庭，给予一定的渐退期。密切关注物价变动情况，及时启动社会救助和保障标准与物价上涨挂钩联动机制，按时足额发放价格临时补贴。

二、加大未参保失业人员等困难群众临时救助力度

加强对未参加失业保险的无生活来源失业人员的救助帮扶。按照民政部、财政部《关于进一步做好困难群众基本生活保障工作的通知》（民发〔2020〕69号）要求，对受疫情影响无法返岗复工、连续三个月无收入来源，生活困难且失业保险政策无法覆盖的农民工等未参保失业人员，未纳入低保范围的，经本人申请，由务工地或经常居住地发放一次性临时救助金，帮助其渡过生活难关。加大对生活困难未就业大学生等青年的救助帮扶力度，根据实际情况及时采取临时救助等相应帮扶措施。对低保对象、特困人员以及脱贫人口中的新冠肺炎患者、因家庭成员被隔离收治等原因导致基本生活出现暂时困难的家庭，根据需要直接给予临时救助。对其他基本生活受到疫情影响陷入困境，相关社会救助和保障制度暂时无法覆盖的家庭或个人，及时通过临时救助给予帮扶。

三、加强摸底排查、主动发现

各地民政部门要加强主动发现机制建设，组织动员基层干部、村级组织、社会救助协理员、社会工作者等，通过走访摸排、电话沟通、微信联系等方式，全面了解辖区内受疫情影响困难群众生活状况，重点关注失业人员、灵活就业人员、低保边缘人口、防止返贫监测对象、暂不符合低保条件但存在一定困难的群众以及经救助后自身发展能力仍不足的困难群众，及时发现救助需求，跟进实施救助帮扶，做到早发现、早介入、

早救助。充分利用低收入人口动态监测信息平台，加强与相关部门信息共享、数据比对分析，强化对低收入人口的监测预警，对发现的困难群众及时干预、精准救助、综合帮扶。进一步畅通社会救助服务热线等困难群众咨询求助渠道，加强热线值守，提高办理效率，做到及时受理、快速响应。

四、进一步提高救助可及性、时效性

各地要加强低保、特困人员救助供养、临时救助等救助工作的衔接，统筹使用各项救助政策措施，做到应保尽保、应救尽救。综合考虑受疫情影响困难群众实际情况，全面落实"先行救助""分级审批"等政策规定，合理设定乡镇（街道）审批额度，适当提高中高风险区域乡镇（街道）备用金下拨额度和审批额度，疫情严重地区可由社区（村）直接实施临时救助。结合实际，明确临时遇困外来人员申请临时救助的具体情形、救助标准和救助时限，对在非户籍地因疫情影响基本生活陷入困境的群众，由急难发生地直接实施临时救助。充分发挥县级困难群众基本生活保障工作协调机制作用，统筹整合救助资源，对遭遇重大生活困难的，可采取"一事一议""一案一策"方式提高救助水平，解决急难个案。简化优化救助程序，积极应用"互联网＋"、手机 App 等信息化手段，逐步推行社会救助全流程线上办理，减少人群聚集，降低感染风险，提高办理效率。

五、优化完善救助服务方式

各地要针对困难群众实际需要实施分类化、差异化救助，统筹运用发放实物、现金和提供服务等方式，提供精准救助帮扶。疫情防控期间，要积极帮助遇困群众做好个人防护，妥善解决外来滞留人员用餐、住宿等问题。加强分散供养特困人员走访探视和照料服务，督促照料服务人员认真履行委托照料服务协议，照顾好特困人员日常生活。鼓励、支持慈善组织、志愿者、专业社会工作者等社会力量积极参与社会救助，为困难群众提供物资捐赠、生活照料、心理疏导、送医护理等多样化服务。完善和落实支持社会力量参与社会救助的政策措施，加大政府购买服务力度。鼓励、引导慈善组织设立社会救助项目，探索建立政府引导支持、行业组织运作、慈善组织参与的"救急难"平台，进一步加强政府救助与慈善帮扶的有效衔接。

六、强化监督管理

各地要加强对社会救助工作的督促检查，确保各项政策措施落实落地。严格按照资金管理相关规定，进一步明确困难群众救助资金用途，规范使用范围和发放方式，强化资金监管，严禁擅自扩大资金支出范围，严禁以任何形式挤占、挪用、截留、滞留救助资金，提高资金使用效益。全面整改困难群众救助补助资金审计发现问题，深入开展社会救助领域群众身边腐败和作风问题综合治理，严肃查处虚报冒领、截留私分、贪污侵占救助资金以及"关系保"、"人情保"、吃拿卡要等违规违纪行为。在加强内部监督的同时，自觉接受纪检监察、审计等部门的监督，充分发挥社会监督作用，及时发现问题并堵塞资金监管漏洞，加强风险防控，确保资金精准使用。建立完善容错纠错机制，激励党员干部担当作为。

七、切实加强组织保障

各地要充分认识当前做好困难群众基本生活保障工作的极端重要性和紧迫性，切实提高政治站位，增强底线意识，坚持以人民为中心的发展思想，聚焦困难群众急难愁盼问题，切实兜住兜准兜好困难群众基本生活保障底线。要加强资金保障，统筹用好中央财政困难群众救助补助资金和地方各级财政安排资金，对疫情严重地区给予适当倾斜，确保资金及时足额下达。强化部门协调配合、政策衔接和资源统筹，形成救助合力。加强政策宣传，提高群众对救助政策的知晓度。各地社会救助政策落实情况，将纳入 2022 年困难群众基本生活救助工作绩效评价。

民政部　财政部
2022 年 6 月 2 日

财政部 民政部关于下达 2022 年中央财政困难群众救助补助资金预算的通知

（财社〔2022〕44 号）

各省、自治区、直辖市财政厅（局）、民政厅（局），新疆生产建设兵团财政局、民政局：

根据《社会救助暂行办法》（国务院令第 649 号）、《国务院办公厅关于加强孤儿保障工作的意见》（国办发〔2010〕54 号）、《国务院办公厅关于加强和改进流浪未成年人救助保护工作的意见》（国办发〔2011〕39 号）、民政部等部门《关于进一步加强事实无人抚养儿童保障工作的意见》（民发〔2019〕62 号）等规定，为支持各地进一步做好困难群众救助工作，经研究并结合各省（自治区、直辖市，含兵团）困难群众数量、财力情况、工作绩效等因素，现下达 2022 年中央财政困难群众救助补助资金预算（项目名称：困难群众救助补助资金，项目代码：Z175080010001，指标金额详见附件1）。现将有关事宜通知如下：

一、此次下达的中央财政补助资金预算，用于低保、特困人员救助供养、临时救助、流浪乞讨人员救助（含农村留守儿童、困境儿童、流浪乞讨儿童的应急处置、救助帮扶、监护支持、精神关爱等未成年人社会保护支出）、孤儿（含艾滋病病毒感染儿童、生活困难家庭中的和纳入特困人员救助供养范围的事实无人抚养儿童）基本生活保障支出。该项收入列2022年政府收支分类科目"1100248社会保障和就业共同财政事权转移支付收入"，支出列"208社会保障和就业支出"。

二、此次下达的补助资金列入直达资金管理，该项直达资金的标识为"01中央直达资金"，贯穿资金分配、拨付、使用等整个环节，且保持不变。请你省（自治区、直辖市，含兵团）在接到本指标发文的21日内将资金分配方案报财政部备案，30日内完成制定分配方案、报财政部备案、按财政部反馈意见下达预算的整个流程。

三、你省（自治区、直辖市，含兵团）在下达该项转移支付时，应单独下达预算指标文件，并保持中央直达资金标识不变。及时在指标管理系统中登录有关指标和直达资金标识，导入直达资金监控系统，确保数据真实、账目清晰、流向明确。对于资金来源既包含中央直达资金又包含地方对应安排资金的项目，在预算指标文件、指标管理系统可按资金明细来源分别列示，在指标系统中分别登录；也可以由直达资金监控系统按照中央直达资金、地方对应安排资金的比例自动拆分。

四、有关省（自治区、直辖市）在分配补助资金时，要认真贯彻《中共中央　国务院关于实现巩固拓展脱贫攻坚成果同乡村振兴有效衔接的意见》精神，继续根据实际工作需要等情况，对脱贫地区以及国家乡村振兴重点帮扶县予以适当倾斜。

五、为进一步加强预算绩效管理，切实提高财政资金使用效益，按照《中共中央 国务院关于全面实施预算绩效管理的意见》要求，请在组织预算执行中对照区域绩效目标（详见附件2）做好绩效监控，确保年度绩效目标如期实现。同时，请参照中央做法，将绩效目标及时对下分解，做好省内预算绩效管理工作。

六、各地财政、民政部门要密切配合，按照《财政部 民政部关于印发〈中央财政困难群众救助补助资金管理办法〉的通知》（财社〔2017〕58号）、《财政部 民政部 住房城乡建设部 中国残联关于修改中央财政困难群众救助等补助资金管理办法的通知》（财社〔2019〕114号）和《财政部 民政部关于印发〈中央财政农村危房改造补助资金管理暂行办法〉的通知》（财社〔2022〕42号）等要求，加强对困难群众救助补助资金的使用管理，加大结转结余资金消化力度，加快预算执行进度，提高资金使用效益，切实做好相关工作。

附件：1. 2022年中央财政困难群众救助补助资金分配表

2. 中央对地方转移支付区域绩效目标表

财政部 民政部

2022年4月9日

附件 1：

2022 年中央财政困难群众救助补助资金分配表

单位：万元

省份（单位）	合计	其中：	
		已下达	本次下达
合计	15468326	13285858	2182468
北京	10408	10078	330
天津	41582	38914	2668
河北	617851	539978	77873
山西	418359	393912	24447
内蒙古	523159	422375	100784
辽宁	387582	336389	51193
吉林	370361	318340	52021
黑龙江	555540	473176	82364
上海	13933	13406	527
江苏	155887	138434	17453
浙江	85930	77655	8275
安徽	711065	606783	104282
福建	161803	141674	20129
江西	666701	559489	107212
山东	452286	389505	62781
河南	788795	725313	63482
湖北	775274	672950	102324

续表

省份（单位）	合计	其中：	
		已下达	本次下达
湖南	791324	684306	107018
广东	230187	201173	29014
广西	856627	741140	115487
海南	93660	92440	1220
重庆	335170	273444	61726
四川	1198509	946267	252242
贵州	976043	761994	214049
云南	1071151	864330	206821
西藏	97294	117917	−20623
陕西	607848	489615	118233
甘肃	1088205	941696	146509
青海	273144	278278	−5134
宁夏	241917	183649	58268
新疆	832698	824283	8415
新疆生产建设兵团	38033	26955	11078

附件 2：

中央对地方转移支付区域绩效目标表

（2022 年度）

项目名称	困难群众救助补助资金		
中央主管部门	〔118〕民政部		
省级财政部门	各省、自治区、直辖市财政厅（局），新疆生产建设兵团财政局	省级主管部门	各省、自治区、直辖市民政厅（局），新疆生产建设兵团民政局
资金情况（万元）	下达资金总额	详见该文件附件 1	
	其中：中央财政补助	详见该文件附件 1	
	地方资金		
年度总体目标	1. 规范城乡低保政策实施，合理确定保障标准，使低保对象基本生活得到有效保障。 2. 统筹城乡特困人员救助供养工作，合理确定保障标准。 3. 规范实施临时救助政策，实现及时高效，救急解难。 4. 为生活无着流浪乞讨人员提供临时食宿、疾病救治、协助返回等救助，并妥善安置返乡受助人员。 5. 规范实施农村留守儿童关爱服务和困境儿童保障相关政策，使农村留守儿童和困境儿童得到更加精准化的专业服务和基本生活保障。 6. 引导地方提高孤儿生活保障水平，孤儿生活保障政策规范高效实施；使孤儿、艾滋病病毒感染儿童和事实无人抚养儿童基本生活得到保障。		

续表

一级指标	二级指标	三级指标	指标值
绩效指标			

一级指标	二级指标	三级指标	指标值
产出指标	数量指标	低保对象人数	应保尽保
		临时救助人次	应救尽救
		求助的流浪乞讨人员救助率	应救尽救
		孤儿、艾滋病病毒感染儿童、生活困难家庭中的和纳入特困人员救助供养范围的事实无人抚养儿童纳入保障范围率	≥90%
		农村留守儿童、困境儿童纳入监测范围率	≥85%
	质量指标	城乡低保标准	不低于上年
		城乡特困人员救助供养标准	不低于上年
		临时救助水平	不低于上年
		建立社会救助家庭经济状况核对机制的县（市、区）比例	≥92%
		孤儿、艾滋病病毒感染儿童、事实无人抚养儿童认定准确率	不低于上年
	时效指标	向本行政区域县级以上各级财政部门下达中央财政困难群众救助补助资金	收到补助资金后30日内
		困难群众基本生活救助和孤儿基本生活费按时发放率	≥90%
		受助人员救助情况当日录入全国救助管理信息系统率	≥95%
效益指标	社会效益指标	困难群众生活水平情况	有所提升
		帮助查明身份滞留流浪乞讨人员返乡情况	及时送返
		为自愿前来救助站或由公安等部门护送至救助站的传销解救人员、打拐解救人员、家暴受害者等提供临时救助服务率	≥95%
满意度指标	服务对象满意度指标	救助对象对社会救助实施的满意度	≥88%

财政部关于下达 2022 年第一批县级
基本财力保障机制奖补资金预算的通知

（财预〔2022〕81 号）

有关省、自治区、直辖市、计划单列市财政厅（局），新疆生产建设兵团财政局：

为深入贯彻党中央关于"疫情要防住，经济要稳住，发展要安全"重大决策部署，落实好稳经济一揽子措施，努力推动经济回归正常轨道、确保运行在合理区间，支持兜牢兜实"保基本民生、保工资、保运转"底线，中央财政现下达你省（区、市、兵团，以下简称省）2022 年第一批县级基本财力保障机制奖补资金预算，扣除《财政部关于提前下达 2022 年县级基本财力保障机制奖补资金预算的通知》（财预〔2021〕129 号）、《财政部关于提前下达新疆生产建设兵团 2022 年县级基本财力保障机制奖补资金预算的通知》（财预〔2021〕130 号）提前下达部分，此次下达你省金额见附件，项目代码Z135110059001，列入 2022 年政府收支分类科目"1100207 县级基本财力保障机制奖补资金收入"。

上述资金纳入财政直达资金范围，标识为"01 中央直达资金"，该标识贯穿资金分配、拨付、使用等整个环节，且保持不变。请在收到本通知 30 日内，研究提出直达县级的具体分配方案和初步分配结果并报送我部备案，待我部审核同意后下达。

省级财政部门要切实承担起主体责任，结合本地实际，合理测算分配中央财政县级基本财力保障机制奖补资金，全面落实疫情防控等"三保"支出保障责任，坚持"三保"支出在财政支出中的优先顺序，进一步均衡省以下财力分配，加大对基层特别是财政困难地区的支持力度，切实提高县级基本财力保障水平，筑牢"三保"底线。

在下达直达资金时，应单独下达预算指标文件，并保持中央财政直达资金标识不变，同时在指标管理系统中及时登录有关指标和直达资金标识，导入直达资金监控系统，确保数据真实、账目清晰、流向明确。基层财政要将中央财政直达资金统筹用于惠企利民，积极改善民生、促进社会和谐；将中央财政直达资金分解落实到单位和具体项目时，对于资金来源既包含中央财政直达资金又包含其他资金的，应在预算指标文件、指标管理系统中按资金明细来源分别列示，在指标系统中分别登录，并将中央财政直达资金部分导入直达资金监控系统。

附件：2022 年县级基本财力保障机制奖补资金预算分配表（第一批）

财政部

2022 年 5 月 27 日

附件：

2022 年县级基本财力保障机制奖补资金
预算分配表（第一批）

单位：万元

地区	2022 年第一批奖补资金合计	已提前下达	本次下达
合计	35410000	30410000	5000000
天津市	81131	69265	11866
河北省	2096298	1803459	292839
山西省	1089373	934606	154767
内蒙古自治区	924492	794551	129941
辽宁地区（不含大连市）	811515	696510	115005
大连市	16296	13913	2383
吉林省	850937	727833	123104
黑龙江省	939652	803762	135890
江苏省	936822	802082	134740
浙江地区（不含宁波市）	627253	536370	90883
宁波市	12199	10415	1784
安徽省	1456157	1248103	208054
福建地区（不含厦门市）	806515	690048	116467
厦门市	1014	866	148
江西省	1329342	1135754	193588
山东地区（不含青岛市）	2251170	1931732	319438
青岛市	10348	8835	1513

续表

地区	2022年第一批奖补资金合计	已提前下达	本次下达
河南省	2707409	2313763	393646
湖北省	1520240	1303035	217205
湖南省	2120705	1815176	305529
广东地区（不含深圳市）	1267914	1085631	182283
广西壮族自治区	1830690	1571717	258973
海南省	201809	173333	28476
重庆市	763528	654467	109061
四川省	2397404	2064058	333346
贵州省	1616036	1385091	230945
云南省	1777498	1532677	244821
西藏自治区	327616	288608	39008
陕西省	1296249	1112681	183568
甘肃省	1467835	1266849	200986
青海省	365776	317176	48600
宁夏回族自治区	249008	214909	34099
新疆维吾尔自治区	1195954	1048243	147711
新疆生产建设兵团	63815	54482	9333

财政部关于预拨 2022 年中央自然灾害
救灾资金（第二批洪涝灾害救灾补助）的通知

（财资环〔2022〕69 号）

有关省、自治区财政厅：

为支持你省、自治区应对洪涝灾害，根据《中央自然灾害救灾资金管理暂行办法》（财建〔2020〕245 号），现预拨你省、自治区中央自然灾害救灾资金（详见附件，项目代码：Z135080000019），由你省、自治区统筹用于应急抢险和受灾群众救助工作，重点做好受灾群众转移安置、倒损民房修复等工作，后期根据实际灾情清算。资金收入列入 2022 年政府收支分类科目"1100260 灾害防治及应急管理共同财政事权转移支付收入"，支出列入 2022 年政府收支分类科目"224 灾害防治及应急管理支出"。

你省、自治区要按照财建〔2020〕245 号文件规定，管好、用好中央财政补助资金，做好绩效管理相关工作，提高资金使用效益。

附件：1. 2022 年中央自然灾害救灾资金分配表（不发地方）

（略）

2. 2022 年中央自然灾害救灾资金预算表（分发地方）

（略）

财政部

2022 年 6 月 21 日

财政部关于预拨 2022 年中央自然灾害救灾资金（第一批洪涝灾害救灾补助）的通知

（财资环〔2022〕61 号）

有关省、自治区、直辖市财政厅（局）：

为支持你省（自治区、直辖市）应对洪涝灾害，根据《中央自然灾害救灾资金管理暂行办法》（财建〔2020〕245号），现预拨你省（自治区、直辖市）中央自然灾害救灾资金（详见附件，项目代码：Z135080000019），由你省（自治区、直辖市）统筹用于应急抢险和受灾群众救助工作，重点做好搜救转移安置受灾人员、排危除险等应急处置、开展次生灾害隐患排查和应急整治、倒损民房修复等工作，后期根据实际灾情清算。资金收入列入 2022 年政府收支分类科目"1100260 灾害防治及应急管理共同财政事权转移支付收入"，支出列入 2022 年政府收支分类科目"224 灾害防治及应急管理支出"。

你省（自治区、直辖市）要按照财建〔2020〕245 号文件规定，管好、用好中央财政补助资金，做好绩效管理相关工作，提高资金使用效益。

附件：1. 2022 年中央自然灾害救灾资金分配表（不发地方）（略）

2. 2022 年中央自然灾害救灾资金预算表（分发地方）（略）

财政部

2022 年 6 月 10 日

财政部关于预拨 2022 年中央自然灾害救灾资金（辽宁抗旱救灾补助）的通知

（财资环〔2022〕62 号）

辽宁省财政厅：

为支持你省应对干旱灾害，根据《中央自然灾害救灾资金管理暂行办法》（财建〔2020〕245 号），现预拨你省中央自然灾害救灾资金 2000 万元（项目代码：Z135080000019），用于补助你省解决城乡居民用水困难，购买、租赁应急储水、净水、供水设备，组织人员保障城乡居民生活用水等支出，后期根据实际灾情清算。资金收入列入 2022 年政府收支分类科目"1100260 灾害防治及应急管理共同财政事权转移支付收入"，支出列入 2022 年政府收支分类科目"224 灾害防治及应急管理支出"。

你省要按照财建〔2020〕245 号文件规定，管好、用好中央财政补助资金，做好绩效管理相关工作，提高资金使用效益。

财政部

2022 年 6 月 16 日

财政部关于预拨 2022 年中央自然灾害
救灾资金（四川芦山地震救灾补助）的通知

（财资环〔2022〕56 号）

四川省财政厅：

为支持你省做好 6 月 1 日雅安市芦山县 6.1 级地震救灾工作，根据《中央自然灾害救灾资金管理暂行办法》（财建〔2020〕245 号），现预拨你省中央自然灾害救灾资金 3000 万元（项目代码：Z135080000019），由你省统筹用于应急抢险和受灾群众救助工作，重点做好搜救转移安置受灾人员、排危除险等应急处置、开展次生灾害隐患排查和应急整治、倒损民房修复等工作，后期根据实际灾情清算。资金收入列入 2022 年政府收支分类科目"1100260 灾害防治及应急管理共同财政事权转移支付收入"，支出列入 2022 年政府收支分类科目"224 灾害防治及应急管理支出"。

你厅要按照财建〔2020〕245 号文件规定，管好、用好中央财政补助资金，切实提高资金使用效益。

财政部

2022 年 6 月 7 日